엄광용 선생님과 함께 읽는
# 삼국유사

**서연비람**은 조선시대 서연에서 여러 경전의 요지를 모아 엮은 조선 왕세자 필독서입니다. 서연비람 출판사는 민주주의 국가의 주인인 시민들 역시 지속가능한 현재와 미래의 이치를 깨우치고 채현해야 한다는 믿음으로 엄선한 도서들을 발간합니다.

엄광용 선생님과 함께 읽는
삼국유사

초판 1쇄 2018년 12월 15일
지은이 일연
옮긴이 엄광용
펴낸이 윤진성
펴낸곳 서연비람
등록 2016년 6월 29일 제 2016-000147호
주소 서울시 강남구 도곡로 422, 5층
전화 02-563-5684
팩스 02-563-2148
전자주소 birambooks@daum.net

ISBN 979-11-89171-10-0 43910
값 12,000원
「이 도서의 국립중앙도서관 출판예정도서목록(CIP)은 서지정보유통지원시스템 홈페이지(http://seoji.nl.go.kr)와 국가자료공동목록시스템(http://www.nl.go.kr/kolisnet)에서 이용하실 수 있습니다.(CIP제어번호: CIP2018038396)」

엄광용 선생님과 함께 읽는

# 삼국유사

일연 | 엄광용 옮김

## 머리말

일연의 『삼국유사』는 김부식의 『삼국사기』보다 약 150년 뒤에 나온 책입니다. 우리나라에서 현전하는 가장 오래된 역사책은 『삼국사기』지만, 그 못지않게 중요한 책이 『삼국유사』입니다.

두 책 다 역사를 다루고 있지만, 성격이나 내용은 완전히 다릅니다. 『삼국사기』는 역사 위주의 기록인데 반하여, 『삼국유사』는 신화와 설화 중심의 기록이라 할 수 있습니다.

이처럼 두 책의 내용이 다른 것은, 일연이 『삼국유사』를 쓰게 된 동기가 김부식이 『삼국사기』에서 소홀히 다루고 넘어간 부분에 대한 안타까움에서 출발했기 때문입니다. 김부식은 유학자로서 '괴력난신을 논하지 않는다.'는 공자의 사상을 그대로 역사 기록의 원칙으로 삼았습니다. '괴력난신'이란 괴이한 일과 귀신처럼 초자연적인 것을 뜻하는데, 이러한 일에 대해서는 철저히 배제하여 쓰지 않았던 것입니다.

일연은 스님으로서 『삼국사기』를 보다가 뼈대만으로 된 역사 기록에 대해 미흡하다는 생각을 갖게 되었고, 신화와 설화도 중요한 우리나라 역사의 한 부분임을 깊이 인식하고 『삼국유사』를 쓰게 되었습니다. '역사'는 뼈대만 있는 것이 아니라 생명을 이어가는 숨결과 몸을 지탱하는 살이 있어야 한다고 생각한 것입니다.

그래서 『삼국유사』에는 『삼국사기』에서 찾아보기 힘든 우리나라 고대의 민속·문학·사상·종교 등 각종 문화적인 주제들이 이야기 형식의 서술 기법으로 쓰여 있습니다. 이 책에서는 바로 원본인 『삼국유사』가 갖고 있는 최대의 강점인 '이야기 형식을 빌어서 쓴 서술 기법'을 최대한 살렸습니다. 저자 일연이 스님이라서 그런지, 아무래도 불교에 관한 것과 스님들 이야기가 많이 소개되어 있습니다. 또한 고구려나 백제는 소략하게 다루고 있는 데 반해 신라의 이야기가 주류를 이루고 있다는 것이 안타까운 점이기도 합니다.

　『삼국유사』는 원래 1 왕력, 2 기이, 3 흥법, 4 탑상, 5 의해, 6 신주, 7 감통, 8 피은, 9 효선 등 주제에 따라 총 9개의 장으로 나누어져 있습니다. 1 왕력편은 삼국 시대 왕들의 행적을 연대별로 정리한 자료이므로 이 책에서는 생략하기로 했습니다. 2 기이편은 가장 내용이 많은 부분이라 2개의 장으로 구분했고, 나머지는 원본 그대로 다루었습니다.

　다만 이 책에서는 신화와 설화 등 이야기 위주로 되어 있는 내용만 골라 재편집했습니다. 따라서 원문의 번역이라고 하기보다는 내용에 충실하되 읽기 편하도록 대화체를 많이 사용하고 최대한 쉬운 단어로 표현하려고 노력했습니다.

　각 이야기 말미에는 독자들의 이해를 돕고, 『삼국유사』의 이야기를 통해 삼국 시대의 생활상과 역사를 보는 새로운 시각을 갖게 하기 위하여 '함께 생각하기' 꼭지를 두었습니다. 공부에 조금이라도 도움이 되었으면 하는 바람입니다. 한문자에서 온 단어로 조금 이해하기 어려운 것은 각주를 달아 이해를 도울 수 있도록 배려했습니다.

끝으로, 이 책을 출간하는 데 애써주신 서연비람 출판사의 임직원들에게 감사의 인사를 전합니다.

2018년 겨울
엄광용

- 차례 -

■ 제1권 기이 제1

1 고조선 15

2 위만 조선 22

3 고구려 28

4 신라 33

5 석탈해 38

6 연오랑과 세오녀 44

7 미추왕과 죽엽군 47

8 김제상 52

9 소지 마립간 60

10 지철로왕 64

11 도화녀와 비형랑 68

12 진평왕 74

13 선덕 여왕 77

14 김유신 82

15 태종 춘추공 88

16 백제 의자왕 93

■ 제2권 기이 제2

1 문무왕                                      101

2 신문왕                                      107

3 수로 부인                                114

4 신무왕과 염장과 궁파             118

5 경문왕                                      122

6 처용랑과 망해사                   127

7 거타지                                      132

8 김부 대왕                                137

9 백제 무왕                                143

10 가락국기                                148


■ 제3권 흥법 제3

1 아도                                        159

2 이차돈                                      162

■ 제3권 탑상 제4

1 황룡사 구층 목탑     171
2 조신     175
3 신효 거사     180


■ 제4권 의해 제5

1 원광 법사     187
2 양지 스님     194
3 원효 대사     198
4 의상 대사     203
5 진표 율사     207
6 법해 스님     211


■ 제5권 신주 제6

1 밀본 법사     217
2 혜통 스님     221

■ 제5권 감통 제7

　1 경흥 스님　　　　　　　　　　　229
　2 월명사　　　　　　　　　　　　233
　3 선율 스님　　　　　　　　　　　237
　4 김현　　　　　　　　　　　　　241
　5 정수 스님　　　　　　　　　　　247


■ 제5권 피은 제8

　1 낭지 스님　　　　　　　　　　　253
　2 신충　　　　　　　　　　　　　258


■ 제5권 효선 제9

　1 김대성　　　　　　　　　　　　265
　2 손순　　　　　　　　　　　　　269

# ■ 제1권 기이 제1

# 1 고조선

## 하느님의 피를 이어받은 단군왕검

하느님인 환인에게는 환웅이란 서자가 있었다.

하늘에서 환웅이 지상을 내려다보니 매우 아름다웠다. 산에는 계절마다 울긋불긋한 꽃들이 만발했고, 하천에는 맑은 물결이 굽이쳐 흘렀으며, 너른 들판에는 오곡백과가 무르익었다.

어느 날 환인이 다가와 환웅에게 물었다.

"아들아, 무엇을 그리 열심히 보고 있느냐?"

"저 아래 지상의 아름다운 모습을 보고 있었습니다. 아버지, 실은 제가 오래 전부터 하고 싶었던 것이 있습니다."

이렇게 말하며, 환웅은 꿈을 꾸는 듯한 시선으로 아버지를 바라보았다.

"무엇을 하고 싶단 말이냐?"

"지상에 내려가 세상을 잘 다스려보고 싶습니다."

"그것 참 좋은 생각이구나. 저 아래에 보면 봉우리 세 개가 우뚝 솟아 있지 않니? 그중 가장 높은 것이 태백산[1]이다. 마음에 드느냐?"

"네 참으로 기백이 느껴지는 산입니다."

---

1 태백산(太白山) : 『삼국유사』 본문의 괄호 속에는 '즉 묘향산'이라고 덧붙이고 있다. '태백'이란 말은 보통명사라는 설도 있고, 학자들 사이에선 오늘날의 '백두산'을 가리킨다고 주장하기도 한다.

환웅이 만족스러워 하자, 환인은 말했다.

"내가 네 소원을 들어줄 테니, 지상에 내려가 인간을 널리 이롭게 하라."

이때 환인은 환웅에게 영험한 물건 세 가지를 주었다. 그것은 천부인1, 즉 청동검·청동거울·청동방울로 세상 사람들을 다스리는데 꼭 필요한 보물들이었다.

환웅은 곧 세상을 다스리기 위해 무리 3,000명을 거느리고 태백산 꼭대기의 '신단수'라는 큰 나무 아래로 내려왔다. 환웅은 그곳을 '신시'라 하고, 마침내 천왕이 되어 나라를 다스렸다.

사람이 살아가려면 농사를 지어 곡식을 거두어야만 했다. 가장 중요한 것 세 가지가 공기를 통하게 하는 바람, 지상에 물을 내려주는 비, 그리고 이곳저곳 옮겨 다니며 골고루 비를 뿌리게 하는 구름이었다. 환웅은 바람을 관리하는 풍백, 비를 관리하는 우사, 구름을 관리하는 운사 등의 신하들과 함께 나라를 다스렸다. 즉 곡식을 익게 하고, 생명을 아끼고, 질병을 낫게 하고, 형벌을 다루고, 선악을 구분하는 등 인간 세상의 360여 가지 일을 책임지고 맡아 관리함으로써 세상을 두루 이롭게 하는 데 힘썼다.

당시 곰과 호랑이가 같은 동굴에 살고 있었는데, 그들은 환웅의 능력이 영험하다는 것을 알고 찾아와 소원을 말했다.

"천왕님, 우리는 비록 동물로 태어났지만 사람이 되고 싶습니다. 어떻게 하면 그렇게 될 수 있을까요?"

---

1 천부인(天符印) : '부인(符印)'이란 옛날 나라를 다스리는 조정에서 신표로 삼던 물건을 가리키는 말이다. 여기서는 하늘의 것이라는 뜻에서 '천(天)'을 앞에 두어 신의 위력과 영험한 힘을 상징하는 물건을 이르는 말로 쓰였다.

이때 환웅은 신령스러운 쑥 한 다발과 마늘 스무 개를 주면서 말했다.

"너희가 이것을 먹되, 100일 동안 햇빛을 보지 않으면 몸이 곧 사람의 모습으로 바뀔 것이다."

곰과 호랑이는 곧 동굴 속에서 삼칠일[1] 동안 쑥과 마늘을 먹으며 견뎠다. 이때 강한 인내심을 가진 곰은 금기를 잘 지켜 여자의 몸이 되었다. 그러나 호랑이는 쑥과 마늘을 먹으며 약속한 기일까지 참지 못해 동굴에서 뛰쳐나가고 말았다.

여자가 된 곰은 '웅녀'라고 불렸는데, 결혼할 남자가 없었다. 그래서 신단수 아래 가서 다음과 같이 빌었다.

"하느님, 저도 아이를 낳을 수 있게 해주세요."

이때 환웅이 잠시 사람으로 변해 웅녀와 결혼하여 아들을 낳으니, 그가 바로 단군왕검이다.

단군왕검은 중국의 요임금[2]이 즉위한 지 50년이 되는 경인년(기원전 2333년)에 평양성에 도읍[3]을 정했다.

"앞으로 이 나라의 이름을 조선이라 부른다."

조선은 '빛나는 아침의 나라'라는 뜻이었다.

나라를 다스리던 단군왕검은 다시 도읍을 백악산의 아사달로 옮겼다. 그곳을 궁홀산, 또는 금미달이라 부르기도 한다. 그로부터 1

---

1 삼칠일 : 21일을 이야기한다. 불교에서 어떤 신이한 일의 진행 또는 발생에 있어 7일을 하나의 단위 기간으로 숭상하는 습관이 있다.
2 요임금 : 중국 태고의 전설상의 임금. 중국에서는 가장 평화로웠던 이상적인 시대를 '요순 시대(堯舜時代)'라 한다. 즉 요(堯)임금과 그 뒤를 이은 순(舜)임금 때 나라 정사를 잘 살펴 백성들로부터 숭앙을 받았다.
3 도읍(都邑) : 나라의 수도. 즉 '서울'을 이르는 말이다.

천5백 년 동안 이 도읍에서 나라를 다스렸다.

　중국의 주나라 무왕이 즉위하던 기묘년(기원전 1046년)에 기자를 조선의 왕에 봉하자, 단군왕검은 장당경1으로 도읍을 옮겼다. 그 후 다시 아사달2로 돌아와 산신이 되었는데, 그때 나이가 1,908세였다.

1  장당경(藏唐京) : 황해도 구월산 아래와 아악산에 걸쳐 있던 땅의 이름이다.
2  아사달(阿斯達) : 고조선의 수도로, 지금의 '평양' 또는 '구월산(九月山)'이라는 두 가지 설이 있다.

단군왕검

## ♣ 함께 생각하기

건국신화는 말 그대로 나라를 세울 때의 역사와 신화가 결합된 이야기입니다. 역사적 사실과 상상력이 동원된 창작이 하나의 이야기 구조로 짜여 있으므로, 건국신화에서 따로 실제 역사를 구분해 내기가 쉽지 않습니다.

특히 단군 신화의 곰과 호랑이 이야기는 사실성이 결여된 창작적 요소가 강합니다. 고대의 조선은 군사력이 강한 북방세력이 남하하여 세운 나라로 생각되며, 그들이 정착한 지역에는 곰과 호랑이를 숭배하는 신앙을 가진 농경민족이 있었을 것으로 여겨집니다. 이 두 집단 중 곰을 숭배하는 세력이 더 강하여 북방세력의 군장(환웅)과 정략결혼을 하였다고 볼 수 있습니다.

환웅과 웅녀가 결혼해 단군왕검을 낳았다는 것은 북방에서 내려온 강한 힘을 가진 세력과 토착세력의 결합을 의미하며, 두 세력이 세운 나라가 바로 '조선'입니다. 이 나라는 오랜 세월이 흐른 뒤 고려왕조를 무너뜨리고 이성계가 세운 '조선'과 구분하기 위해 '고조선' 또는 '단군조선'이라고 부르기도 합니다.

'단군'은 하늘에 제사를 지내는 '제사장'으로서의 의미를 지니고 있으며, '왕검'은 백성을 다스리는 '제왕'을 뜻합니다. 따라서 '단군왕검'은 제사와 정치를 함께 관장하는 '임금'이라고 할 수 있습니다.

단군왕검이 1,500년 간 나라를 다스렸다는 것은 한 사람이 아닌 '단군 조선'의 임금이 대를 이어 정치를 했다는 뜻이며, 1,905세를 살았다는 것도 역대 임금들의 나라를 다스린 기간을 뜻한다고 볼 수 있습니다.

환웅이 지상에 내려가 세상을 다스려보고 싶다고 말했을 때 하느님인 환인은 "인간을 널리 이롭게 하라"고 당부했습니다. 이것은 조선의 건국이념인 '홍익인간' 사상을 말합니다. 조선은 중국의 요 임금이 즉위한 지 50년이 되는 해인 기원전 2333년을 창건년도로 삼고 있습니다. 『삼국유사』에는 이 해를 '경인년'으로 기록하고 있 으나, 실제로는 '정사년'이므로 어느 것이 옳다고 판단하기는 어렵 습니다. 지금 우리가 쓰고 있는 서기에 2333년을 더하면 단기가 됩 니다.

# 2 위만 조선


## 조선을 빼앗은 연나라 유민 위만


중국 한나라의 동쪽 변방에 연나라가 있었다. 연나라 왕 노관은 한나라를 세운 유방과 한 마을에서 같은 날 같은 시각에 태어났다. 유방이 중원을 통일할 때 공을 세운 노관은, 그 공을 인정받아 동쪽 변방인 연나라의 왕이 되었다.

그러나 후에 노관은 한나라를 배반하고 흉노[1]가 사는 땅으로 도망쳤다. 이때 연나라 사람 위만이 위기를 느끼고 주위 사람들에게 말했다.

"한나라 군사들이 쳐들어오면 큰일이다. 이 위기를 넘기려면 우리도 조선으로 피하는 길밖에 없다."

위만은 급히 연나라 사람 1,000여 명을 모아 연나라 동쪽에 있는 조선 땅으로 도망쳤다. 이때 그는 조선의 생활양식에 따라 머리에 상투를 틀어 올리고 조선옷을 입어 잘 보이려고 노력했다.

위만은 요동[2]을 지나 연나라와 조선의 경계인 패수를 건너 서북쪽 변경[3]에 자리 잡았다. 그 후 옛날 연나라와 제나라에서 망명[4]해 온 사람들을 받아들여 세력을 키워나가기 시작했다.

---

1 흉노(匈奴) : 기원전 4세기부터 기원전 1세기까지 중국 북방의 북몽골과 만리장성 북쪽에서 활동했던 유목기마민족.
2 요동(遼東) : 요하(遼河)의 동쪽 지역을 이르는 말.
3 변경(邊境) : 나라의 경계가 되는 변두리의 땅.
4 망명(亡命) : 어떤 이유로 자기 나라에 살지 못하고 다른 나라로 옮겨가서 사는 것.

한나라가 어지러워지면서 중원[1]에서 망명해 오는 사람들이 많아지자, 위만은 이들을 적극 받아들여 강력한 군사력을 갖추었다. 그리고 때를 기다려 왕검성[2]을 쳐서 마침내 조선의 왕이 되었다. 이때 그는 따로 나라 이름을 정하지 않고 '조선'이란 명칭을 그대로 썼다.

위만은 조선의 왕이 되고 나서도 군사력을 더욱 강화해 주변국을 위협했다. 그러자 가까이 있던 진번과 임둔이 겁을 먹고 모두 항복하여, 사방이 수천 리나 되는 큰 영토를 확보할 수 있었다.

훗날 위만이 죽고 아들을 거쳐 손자 우거가 왕위에 올랐다. 이때를 틈타 진번과 진국[3]이 한나라 천자에게 알현[4]을 요청하는 글을 올리려고 했으나, 우거왕이 군사를 보내 길을 막는 바람에 실패하고 말았다.

기원전 109년에 한나라는 섭하를 조선에 사신으로 보내 우거왕을 타일러보려고 했다. 그러나 그는 끝내 한나라 천자의 조서[5]를 받들지 않았다.

다만 우거왕은 한나라 천자가 보낸 사신에게 예를 갖추어 비왕 장으로 하여금 섭하 일행의 가는 길을 안내하도록 했다.

섭하는 감히 한나라 천자의 조서를 무시해버린 우거왕의 행동을 괘씸하게 생각했다.

조선의 서쪽 국경인 패수에 다다랐을 때였다. 섭하는 수레를 몰던

---

1 중원(中原) : 중국 땅을 일컫는 말.
2 왕검성(王儉城) : 고조선의 도읍지.
3 진국(辰國) : 한강 이남의 여러 부족 국가. 삼한(마한·진한·변한)이란 설도 있다.
4 알현(謁見) : 지체가 높은 사람을 찾아가 뵈는 일. 황제나 임금을 찾아갈 때 예를 갖추어 쓰는 표현이다.
5 조서(詔書) : 황제나 임금의 명령을 아래 사람에게 알릴 목적으로 적은 문서.

자신의 졸개에게 비밀리에 명령을 내렸다.

"우리를 호위해온 조선의 비왕 장을 죽여라."

국경까지 사신 일행의 길안내를 하던 비왕 장은 졸지에 죽임을 당하고 말았다. 비왕 장이 죽는 것을 보고 조선의 호위병들은 달아나기에 바빴다.

이때 섭하도 조선의 추격군이 보복을 하기 위해 쫓아올까 두려워, 급히 수레를 몰고 돌아가 한나라 천자에게 다음과 같이 보고했다.

"조선의 우거왕이 감히 폐하의 조서를 받들지 않았습니다."

"무엇이? 그대는 짐의 사신으로서 조서를 전하지 못한 죄가 크다. 다시 요동으로 가서 우거가 굴복하도록 위협을 하고 돌아오라."

한나라 천자는 화가 나서 섭하를 요동군 동부도위로 임명, 조선의 국경으로 군사를 이끌고 가서 위협하도록 했다.

곧 조선의 우거왕에게 그 소식이 날아들었다. 그는 국경까지 호위한 비왕 장을 죽인 장본인 섭하가 요동으로 부임한다는 소릴 듣고 크게 분개했다.

"날랜 군사들을 보내 요동에 온 섭하를 척살하라!"

우거왕의 명이 떨어지자 왕검성에서 파견한 비밀결사대는 즉시 요동으로 달려가 섭하를 칼로 찔러 죽였다.

"섭하를 죽였다고? 우거 이놈! 오만이 극에 달했구나! 감히 짐에게 대들다니?"

한나라 천자는 누선 장군 양복으로 하여금 제나라를 거쳐 해로를 통해 발해[1]로 출항케 하고, 좌장군 순체에게는 요동을 거쳐 육로로 왕검성까지 쳐들어가 우거왕을 사로잡으라고 명령했다. 그 병력이

---

1 발해(渤海) : 중국의 요동반도와 산둥반도에 들러 싸여 있는 바다.

5만이었다.

한편 조선의 우거왕은 군사를 파견하여 험한 지형을 이용해 한나라 군사에 대항했다. 이때 한나라의 누선 장군 양복은 조선의 군사력을 얕잡아보고 몸이 빠른 제나라 병사 7,000을 앞세워 왕검성으로 달려갔다.

"겁도 없군! 겨우 군사 7,000으로 왕검성을 공략하려고 들다니?"

우거왕은 왕검성의 군사를 이끌고 나가 누선 장군 양복의 군사를 거세게 몰아붙였다.

누선 장군 양복은 우거왕의 대군이 몰려오자 겁을 먹고 후퇴하다 군사를 잃고 홀로 산속으로 도망쳐 겨우 목숨을 건졌다. 좌장군 순체도 패수에서 조선의 서쪽을 쳤으나 실패하고 말았다.

이렇게 되자 한나라 천자는 위산을 사신으로 보내 군병의 위엄을 보이며 우거왕을 달래도록 했다. 이때 우거왕은 항복하겠다며 그 증거로 태자를 보내 말을 바치겠다고 약속했다.

조선의 태자는 말을 바치기 위해 무장한 군사 1만을 이끌고 패수를 건너려고 했다. 사신 위산과 좌장군 순체는 조선의 많은 군사들을 보고, 약속을 어기고 돌변할까 두려워 전령1을 보내 물었다.

"태자는 이미 항복했으면서 어찌하여 무장한 군사 1만을 이끌고 온 것이오?"

그러자 태자 역시 한나라 사신이 약속을 어기고 아군을 공격할까 의심스러워 패수를 건너지 않고 그대로 돌아갔다.

위산이 한나라로 돌아가 사실대로 보고하자, 천자는 사신으로서 제대로 일처리를 못한 죄를 물어 그의 목을 베었다.

---

1 전령(傳令) : 명령이나 훈령을 전하는 병사.

한편 좌장군 순체는 패수 상류의 조선군을 깨뜨리고 계속 전진하여 왕검성 아래에 이르러 서북쪽 성을 에워쌌다. 누선 장군 양복도 왕검성으로 달려가 군사를 합쳐 성 남쪽에 진을 쳤다.

그러나 우거왕이 성을 굳건하게 지켜 여러 달이 걸려도 한나라 군사들은 왕검성을 함락시키지 못했다.

한나라 천자는 전쟁이 오래도록 끝나지 않자, 전 제남태수 공손수에게 전권을 맡겨 왕검성을 공략케 했다. 공손수는 조선에 도달하자 그동안의 죄를 물어 누선 장군을 묶어 한나라 도성으로 보내고, 좌장군과 함께 공격에 나섰다.

이때 조선의 상[1] 노인과 한도, 이계의 상 삼과 장군 왕협이 서로 모의하여 우거왕을 설득해 한나라에 항복하고자 했다. 그러나 우거왕이 끝내 그 설득에 넘어가지 않자, 한도, 왕협, 노인은 우거왕이 자신들을 배신자로 간주하여 해칠까 두려운 나머지 한나라로 도망쳐 항복했다. 그 중 상 노인은 한나라로 가는 도중에 죽고 말았다.

기원전 110년 여름에 이계의 상 삼이 사람을 시켜 우거왕을 죽이고 한나라에 항복했다. 이에 반발한 우거왕의 대신 성기가 남은 조선군을 독려하여 나라를 다시 일으키려 했으나, 한나라 좌장군 순체가 우거왕의 아들 장과 노인의 아들 최로 하여금 백성들을 부추겨 성기를 죽이게 했다. 이렇게 조선을 평정한 한나라는, 조선 땅에 진번·임둔·낙랑·현도의 4군을 설치했다. 이를 '한사군'이라 했다.

---

1 상(相) : 위만 조선의 관직. 우거왕 당시 가장 높은 지위의 행정관직 중 하나였을 것으로 여겨진다.

## ♣ 함께 생각하기

처음 위만이 조선으로 망명했을 때, 준왕은 그를 받아들이고 서쪽 변경을 지키게 했습니다. 그 후에도 중원의 정세[1]가 점차 불안해져 한나라로부터 망명객이 조선 서쪽 변경으로 넘어오면서 그 수가 불어났고, 위만의 세력도 점차 커지기 시작했습니다.

이때 위만은 조선의 준왕을 제거하려고 한 가지 꾀를 썼습니다. 한나라군이 쳐들어올 것에 대비해 왕검성에 들어가 준왕을 보호하려고 하니 성문을 열어달라고 한 것입니다. 그런 뒤 위만은 군사들을 몰고 왕검성에 들어가 배반을 했습니다. 준왕은 졸지에 위만의 군사들에게 쫓겨 왕검성을 내주고 남쪽으로 내려가 한수 남쪽에 마한을 세우고 마한의 왕이 되었습니다.

왕검성을 차지한 위만은 토착민들을 벼슬자리에 등용했고, 기존의 조선 정치체제를 그대로 유지토록 했습니다. 이에 따라 후대의 역사가들은 준왕이 마지막까지 정권을 유지했던 조선을 '단군 조선'이라고 하고, 위만이 다스린 조선을 '위만 조선'이라 칭하여 구분을 했습니다.

한편 연나라와 조선의 경계를 '패수'라고 했는데, 이때의 '패수'는 당시 '강'을 이르는 보통명사였습니다. 패수의 위치에 대해서는 역사학자들마다 '청천강', '압록강' 또는 요서의 '대능하', '난하' 등 각기 주장하는 바가 다릅니다.

---

1 정세(政勢) : 정치상 되어가는 형편.

# 3 고구려

## 활을 잘 쏘는 사람 '주몽'

북부여의 왕 해부루가 동쪽으로 옮겨 '가섭원'이란 곳에 동부여를 세웠을 때였다. 그에게는 늙도록 왕위를 이을 아들이 없었다.

해부루왕이 아들을 얻기 위해 신에게 지성으로 기도를 드리던 어느 날이었다. 문득 그의 말이 '곤연'이란 연못의 물속에서 큰 돌을 발견하고 우는 것이었다. 이상히 여겨 그는 신하를 시켜 그 돌을 뒤집어 보도록 했다. 그런데 그 속에서 두꺼비같이 생긴 아이가 나왔는데, 온몸이 금빛으로 빛났다.

"아, 이 아이는 하늘이 내게 주신 선물이다."

해부루왕은 이렇게 말하며 그 아이를 데려다 길렀다. 그가 바로 태자 '금와'였다.[1]

오랜 세월이 흐른 후 해부루왕이 죽고 나자, 태자가 왕위에 올라 금와왕이 되었다.

금와왕은 어느 날 태백산(지금의 백두산) 남쪽 '우발수'란 강가를 지나다가 아름다운 여인을 만났다. 하백의 딸 '유화'였다.

유화가 금와왕에게 말했다.

"어느 화창한 날 동생들과 함께 나들이를 갔는데, 그때 늠름하게

---

1 일연의 『삼국유사』에는 동부여 부분에 적힌 기록.

생긴 남자를 만났지요. 그는 자기가 천제의 아들 '해모수'라고 했어요. 우리는 서로 마음이 통해 웅신산 밑 압록강 변에 있는 오두막집에서 같이 살았습니다. 그런데 어느 날 해모수가 멀리 떠난 후 돌아오지 않았어요. 부모님은 저에게 중매도 거치지 않고 낯선 남자를 따라갔다고 하면서 몹시 꾸짖고 이곳으로 쫓아버렸어요."

금와왕은 유화를 이상한 여인이라 여기고 궁궐로 데려왔다.

그런데 유화가 머무는 방에서 이상한 일이 일어났다. 햇빛이 들어와 그녀의 몸을 감싸는데, 그녀가 피하면 또 햇빛이 따라와 비추는 것이었다.

유화를 가까이에 두고 싶었던 금와왕은 문득 무서운 생각이 들어 접근하지 못했다. 유화는 금와왕의 사랑을 받지도 않는데 임신을 했다. 금와왕은 그것을 이상하게 생각했다.

그러나 이미 유화는 금와왕을 만나기 전에 해모수와 사랑을 하여 임신을 한 몸이었다. 마침내 열 달이 차서 유화는 아기를 낳게 되었는데, 놀랍게도 큰 알이 나왔다.

이때 금와왕은 불쾌한 기분이 들어, 신하로 하여금 유화가 낳은 알을 산에 갖다 버리게 했다. 그런데 그 알을 보고 짐승들도 먹지 않고 피해 다녔으며, 새들이 날아와 큰 날개로 알을 품었다.

금와왕은 예사로운 일이 아니라고 여겼다. 그는 다시 신하를 시켜 산에 버렸던 알을 유화에게 되돌려주도록 했다.

유화는 따뜻한 천에 알을 싸서 아랫목에 놓아두었다. 그러자 마침내 사내아이가 그 알을 깨뜨리고 나왔는데, 골격이 크고 모습이 매우 영특했다.

그 아이는 어려서부터 용모가 아주 잘 생긴 데다 재주가 뛰어났다. 그는 일곱 살이 되었을 때 제 손으로 활과 화살을 만들 정도였다. 그는 그것으로 혼자 활쏘기 연습을 했는데, 쏠 때마다 백 번이면 백 번 다 맞추었다. 당시 동부여 사람들은 활 잘 쏘는 사람을 '주몽'이라 했는데, 이름조차 가지고 있지 않았던 그 아이는 그때부터 그냥 '주몽'이라 불리게 되었다.

한편 금와왕에게는 아들이 일곱 명 있었는데, 그 재주가 하나같이 주몽에 미치지 못했다. 어느 날 태자 '대소'가 뛰어난 재주를 가진 주몽에게 샘이 나서 왕에게 다음과 같이 고자질을 했다.

"주몽은 원래 사람의 아이가 아닙니다. 만약 일찍 그를 없애지 않으면 후환1이 있을 것입니다."

그러나 금와왕은 대소의 말을 듣지 않고, 그 대신에 주몽에게 말을 기르도록 했다.

주몽은 일부러 좋은 말을 골라 먹이를 적게 주어 비쩍 마르게 길렀고, 늙고 병든 말은 잔뜩 먹여 살을 찌웠다. 그러자 금와왕은 살찐 말을 탔으며, 주몽에게는 비쩍 마른 말을 타게 했다.

금와왕은 왕자들과 함께 자주 사냥을 나갔는데, 그때마다 말먹이꾼인 주몽도 데리고 갔다. 주몽에게는 적은 화살을 주었는데도 백발백중의 실력으로 가장 많은 짐승을 잡았다.

왕자들은 자기들보다 활을 잘 쏘는 주몽을 더욱 시기하게 되어 그를 죽이려고 했다. 주몽의 어머니 유화 부인이 그 계획을 눈치 채고 아들에게 이렇게 말했다.

"지금 이 나라 사람들이 너를 해치려고 한다. 너는 남다른 재주와 지략을 가지고 있으니, 이제 어딜 가더라도 죽지 않고 살아남을 수 있을 것이다. 어서 빨리 이곳을 떠나도록 해라."

---

1 후환(後患) : 어떤 일이 빌미가 되어 뒷날 생기는 근심이나 걱정.

어머니의 말을 듣고 주몽은 자신이 기른 말을 타고 오이, 마리, 협보 등 세 명의 부하들과 함께 도망을 쳤다. 비록 비쩍 마르긴 했으나 원래 좋은 말이라 아주 잘 달렸다. 이때 대소를 비롯한 왕자들이 보낸 군사들이 그들을 추격해 왔다.

추격군의 말발굽 소리가 점점 가까워질 때 주몽은 '엄수'(지금의 압록강 상류)라는 강가에 도착했는데, 나룻배가 없어 발을 동동 구르고 있었다.

다급해진 주몽은 다음과 같이 기도를 드렸다.

"나는 천제의 아들이며, 하백의 외손자입니다. 지금 목숨이 위태로워 피해가는 중인데 뒤쫓는 무리들이 곧 들이닥칠 지경이니 이를 어찌하면 좋겠습니까?"

마침내 강물 속에서 물고기와 자라[1]가 떠올라 다리를 만들어 주었고, 주몽 일행은 무사히 강을 건널 수 있었다. 그러자 물고기와 자라는 다시 강물 속으로 사라져버렸다. 추격해 오던 무리들은 멍하게 강 건너만 바라보다 포기를 하고 되돌아가 버렸다.

이렇게 하여 주몽은 마침내 졸본주에 도읍을 정하고, 고구려의 왕이 되었다. 기원전 37년의 일이었다. 이때 주몽은 국호를 '고구려'라 칭했으며, 자신의 성씨도 '고'씨로 정했다. 고구려는 전성기에 21만 508호[2]가 되었다.

---

1 자라 : 거북목에 속하는 수생 동물로, 작지만 거북과 비슷하게 생겼다.
2 21만 509호라고 적혀 있으나, 고구려 멸망 시 가호수가 69만 7천 호였으므로, 『삼국유사』의 통계는 확실하지 않다는 지적이 있다.

## ♣ 함께 생각하기

고구려 벽화에 보면 말을 타고 달리며 도망치는 짐승을 향해 활을 쏘는 장면이 나옵니다. 고구려인들은 이처럼 사냥을 즐겼습니다. 사냥은 원래 먹고 살기 위한 고구려인들의 가장 중요한 활동 중의 하나였는데, 농사를 짓게 되면서 점차 무술을 닦는 놀이로 변했습니다.

고구려에서 사냥을 즐기던 사람들은 대부분 말을 잘 타고 활을 잘 쏘는 귀족들이었습니다. 사냥을 할 때는 일반 백성들이 따라갔는데, 이들은 주로 산을 포위하여 짐승을 한 곳으로 몰아 귀족들이 그 길목을 지키고 있다가 활을 쏘게 하는 몰이꾼 역할을 맡았습니다.

우리나라에서 가장 오래된 금석문인 광개토 대왕 능비에 보면 고구려를 세운 주몽이 '추모'로 나옵니다. 『삼국유사』가 중국의 고대 역사서의 기록을 토대로 하고 있으므로 '주몽'이라 쓰고 있으나, 당시 부여나 고구려의 말로 '활을 잘 쏘는 사람'을 '추모'라고 발음했을 가능성이 높습니다. 중국에서 그 발음을 가져다 한자어로 표현하다 보니 '주몽'이 되었을 것입니다.

# 4 신라

## 알에서 태어난 박혁거세 거서간[1]

옛날 진한 땅에 여섯 마을이 있었다.

첫째 마을은 알천의 양산촌으로, 우두머리는 알평이었다. 처음에 하늘에서 표암봉에 내려오니, 그가 급량부 이씨의 조상이 되었다.

둘째 마을은 돌산의 고허촌으로, 우두머리는 소벌도리였다. 처음에 하늘에서 형산에 내려오니, 그가 사량부 정씨의 조상이 되었다.

셋째 마을은 무산의 대수촌으로, 우두머리는 구례마였다. 처음에 하늘에서 이산으로 내려오니, 그가 점량부 또는 모량부 손씨의 조상이 되었다.

넷째 마을은 자산의 진지촌으로, 우두머리는 지백호였다. 처음에 하늘에서 화산에 내려오니, 그가 본피부 최씨의 조상이 되었다.

다섯째 마을은 금산 가리촌으로, 우두머리는 지타였다. 처음에 하늘에서 명활산으로 내려오니, 그가 한기부 배씨의 조상이 되었다.

여섯째 마을은 명활산의 고야촌으로, 우두머리는 호진이었다. 처음에 하늘에서 금강산으로 내려오니, 그가 습비부 설씨의 조상이 되었다.

---

1 거서간(居西干) : 신라 초기 왕의 호칭. '거슬한'이라고도 했다. 신라 시조 박혁거세 때만 '거서간'이란 호칭을 사용했고, 그 다음부터는 다르게 불렀다.

기원전 69년 3월 초하룻날, 여섯 마을의 조상들이 각기 형제자매들을 데리고 알천 남쪽 언덕에 모여 다음과 같이 의논했다.

"우리들 위로 백성을 다스릴 임금이 없으니 모두들 방자하여[1] 자기 하고 싶은 대로 합니다. 그러하므로 이제 덕이 있는 사람을 임금으로 삼아, 나라를 세우고 도읍을 정하는 것이 좋겠습니다."

이에 높은 언덕에 올라가 남쪽을 바라보니, 마침 양산 기슭의 나정 우물가에서 이상한 기운이 번개처럼 땅으로 드리워지는 것이었다. 모두들 눈을 씻고 다시 바라보니 백마 한 마리가 그 앞에 엎드려 절을 하고 있었다.

사람들이 산에서 뛰어 내려가 백마가 있는 곳으로 달려가 보니, 그곳에는 붉은 알 하나가 가지런히 놓여 있었다. 그 알을 보고 사람들이 몰려들자 백마는 길게 울음소리를 내더니 홀연히 하늘로 올라가 버렸다.

"참으로 기이한[2] 일이로군!"

사람들은 우선 그 붉은 알을 쪼개보았다. 그러자 알 속에서는 사내아이가 나왔는데, 생김새가 매우 단정하고 아름다웠다.

사람들은 사내아이를 안고 동쪽에 있는 샘으로 데리고 가서 목욕을 시켰다. 그러자 곧 아이 몸에서는 빛이 났으며, 아름답고 귀해 보이는 얼굴은 매우 영특하기 이를 데 없었다. 더욱 신비로운 일은 그때 온갖 새들과 짐승이 와서 아이의 탄생을 축복해주는 것이었다. 뿐만 아니라 하늘과 땅이 진동하고, 해와 달이 전보다 더 밝아졌다.

---

1 방자(放恣)하다 : 거리끼거나 삼가는 법이 없이 제멋대로다.
2 기이(奇異)하다 : 기묘하고 이상하다.

이때 사람들은 이 아이의 이름을 지었는데, '세상을 밝게 다스린다'는 뜻이 담긴 '혁거세'라 불렀다. 그리고 그의 직위를 '거슬한' 또는 '거서간'이라고 했다.

사람들은 서로 다투어 칭찬하기에 바빴다.

"이제 하느님의 아들이 우리에게 왔으니, 마땅히 덕이 있는 왕후를 찾아 배필1로 삼아야 할 것입니다."

같은 날 정오 무렵, 사량리에 있는 우물 알영에서는 갑자기 검은 구름이 일면서 큰 계룡이 나타났다. 머리가 닭처럼 생긴 이 용은 샘물 가에서 꼬리를 흔들며 몸부림치더니, 왼쪽 옆구리를 통하여 한 여자아이를 낳고는 이내 하늘로 올라가 버렸다.

계룡이 낳은 여자아이는 용모가 매우 고왔다. 다만 입술이 닭의 부리처럼 생겨서 보기 흉했다. 사람들은 용이 아이를 낳았다고 해서 신기하게 여기면서도, 한편으로는 그 보기 흉한 입술 때문에 애석하게2 생각했다.

이때 마침 알영정 부근에 살던 한 할머니가 그 여자아이를 데리고 월성 북쪽 냇가로 가서 목욕을 시켰다. 그런데 냇물이 여자아이 입술에 닿자 뾰족하던 부리가 떨어져 나갔다. 여자아이는 비로소 아름다운 얼굴이 되었다. 그때부터 계룡이 낳은 여자아이를 목욕시킨 냇물을 '부리가 빠졌다'하여 '발천'이라 부르게 되었다.

여섯 마을 사람들은 남산 서쪽 기슭에 궁궐을 짓고, 그곳에서 성스러운 두 아이를 길렀다. 남자아이는 바가지처럼 생긴 알에서 나왔다고 해서 특별히 성을 '박'씨로 정했다. 여자아이의 이름은

1 배필(配匹) : 부부로 짝을 이루는 일.
2 애석(哀惜)하다 : 슬프고 안타깝다.

태어난 우물인 '알영정'을 따서 '알영'이라 부르게 되었다.

기원전 57년(오봉 원년 갑자) 두 아이가 자라나 열세 살이 되었을 때였다. 남자는 임금이 되었고, 여자를 왕후로 삼았다. 이때 나라 이름을 '서라벌' 또는 '서벌'이라고 했다. 처음 왕후가 계정에서 태어난 까닭에 '계림국'이라고도 했다. 한편 달리 전해지기는 탈해왕 때 김알지를 얻어 닭이 숲속에서 울었으므로, 나라 이름을 '계림'으로 고쳤다고도 한다. '신라'라는 나라 이름은 그로부터 한참 후대에 와서 정한 것이다.

나라를 다스린 지 61년 만에 임금은 하늘로 올라갔는데, 7일 후에 그 몸뚱어리가 땅에 흩어져 떨어졌다. 이때 왕후도 따라서 세상을 떠났다. 사람들이 와서 흩어진 몸뚱어리를 모아서 장사를 하려고 하니, 큰 뱀이 쫓아와서 방해를 놓았다. 그래서 머리와 사지를 각각 장사지내어 '오릉'을 만들었다. 또한 뱀이 도와주었다 해서 '사릉'이라고도 하는데, 그것이 바로 담엄사에 있는 '북릉'이다.

태자 남해왕이 왕위를 이었다.

## ♣ 함께 생각하기

신라에는 '화백'이라 부르는 회의 기관이 있어, 여기서 왕위를 잇는 일이라든가 다른 나라와의 전쟁에 대한 중요한 결정을 내렸습니다. 이 화백 회의에는 가장 핏줄이 좋은 '진골'의 귀족들만 참석할 수 있었습니다. 이 진골들이 주로 신라의 정치를 이끌어 갔는데, 이들은 왕족인 '김씨'와 '박씨'가 주축을 이루었습니다.

진한의 여섯 마을 촌장들이 알천 언덕에서 박혁거세를 임금으로 추대할 때의 회의도 이러한 화백 제도의 전신이라고 할 수 있습니다. 이 화백 회의에서는 오늘날 민주주의 선거제도처럼 공평하게 지도자를 뽑았으며, 국회에서 법을 제정하듯 나라의 큰일을 결정짓는 기관으로 알려져 있습니다.

# 5 석탈해

## 대장장이 출신으로 왕이 되다

신라 남해 차차웅 때의 일이었다. 어느 날 가락국 앞바다에 배 한 척이 들어오고 있었다. 그 나라의 수로왕은 백성과 신하들과 함께 북을 치고 떠들면서 맞아들이려 했다. 그러나 그 배는 거기 머물지 않고, 나는 듯이 달아나 계림 동쪽 하서지촌 아진포에 이르렀다.

아진포 바닷가에는 아진의선이란 할머니가 살고 있었다. 이 할머니는 임금에게 해산물을 진상하던 어부의 어머니였다.

어느 날 갑자기 까치들이 지저귀는 소리가 들려오자, 할머니는 깜짝 놀라 바닷가 쪽을 쳐다보았다.

"이상한 일도 다 있군. 이 바닷가엔 까치라고는 날아온 적이 없는데, 웬일일까?"

할머니는 까치들이 지저귀는 바닷가로 나갔다. 바닷가 모래사장에는 낯선 배 한 척이 밀려와 있었는데, 까치들은 그 배를 에워싼 채 날갯짓을 하며 지저귀는 것이었다.

할머니가 배로 다가가 안을 살펴보니, 거기에는 길이가 스무 자(7m), 너비가 열석 자(4m)나 되는 큰 궤짝이 가지런히 놓여 있었다. 할머니는 문득 겁이 나서 그 궤짝을 열어보지 못하고 망설였다. 그러다가 호기심을 참을 수 없어 하늘에 기도를 드린 후 궤짝을 열어보았다.

궤짝 안에서는 놀랍게도 단정하게 생긴 사내아이가 나왔다. 뿐만 아니라 그 궤짝 속에는 일곱 가지 보화가 가득 차 있었으며, 노비들이 사내아이를 떠받들고 있는 것이었다.

아진의선 할머니는 예사로운[1] 일이 아니라고 생각하여, 사내아이와 노비들을 집으로 데려와 잘 대접했다. 그런데 사내아이는 자신이 누구이며 어디서 왔는지 도무지 입을 열어 말하지 않았다.

일주일이 지나자 사내아이는 비로소 기구한[2] 탄생의 비밀을 스스로 털어놓기 시작했다.

"나는 본래 바다 건너 용성국의 왕자다. 우리나라는 대대로 스물여덟 명의 용왕님들이 온 백성을 잘 다스려왔다. 용왕님들은 모두 사람의 모습으로 태어나서 나이 오륙 세가 되면 왕위에 올라 백성들을 다스리곤 했다. 내 아버지는 바로 용성국을 다스리는 함달파왕이고, 어머니는 적녀국 공주였다. 그런데 어머니는 시집와서 오래도록 왕자를 낳지 못하였다. 7년이 지나는 동안 어머니는 부디 왕자를 낳게 해달라고 기도를 드렸다. 그리고 드디어 아이를 잉태하였는데, 낳은 것은 사람이 아니라 커다란 알이었다. 함달파왕은 이 해괴한 일을 놓고 신하들과 의논했지만, 모두들 사람이 알을 낳는다는 것은 좋은 징조[3]가 아니라고 말했다. 이렇게 되자 함달파왕도 어쩔 수 없이 큰 궤짝을 만들어 왕비가 낳은 알과 일곱 가지 보화와 노비들을 넣어 배 안에 실은 후 바다에 띄운 것이다. 나는 바로 그 알 속에서 태어났다. 아버지와 어머니는 알 속에 든 나를 떠나

1 예사(例事)롭다 : 보통 있는 일이다.
2 기구(崎嶇)하다 : 세상살이가 순탄치 못하고 곡절이 많다.
3 징조(徵兆) : 어떤 일이 생길 기미.

보내면서, '부디 인연이 있는 땅에 닿아 나라를 세우고 가문을 일으키라'고 기도했다. 그러자 갑자기 어디선가 붉은 용이 나타나더니 배를 호위하여 이곳으로 오게 된 것이다."

말을 마친 사내아이는 지팡이를 짚고 일어서더니 두 노비를 데리고 토함산으로 올라갔다. 이 용성국의 왕자는 일단 임시 거처로 토함산 마루턱에 돌로 된 집을 지었다. 그곳에서 7일 동안 머물면서 성안을 살펴보니, 초승달처럼 생긴 언덕이 보였다. 오래도록 살만한 곳이라 판단했다.

용성국 왕자가 내려가 살펴보니, 바로 초승달 언덕에 호공의 집이 있었다. 그는 곧 꾀를 써서 몰래 집 옆에 숫돌과 숯을 묻어놓았다. 그리고 나서 다음날 그 집에 찾아가 말했다.

"이곳은 우리 조상 대대로 내려오며 살던 집터다. 내 집을 부수고 이 언덕에 집을 짓다니 안 될 말이다."

호공은 용성국 왕자를 향해 마구 화를 내며 큰소리로 따졌다.

"무슨 근거로 그런 말을 하느냐?"

"우리 조상은 본래 대장장이였다. 잠시 이웃 고을에 간 동안에 다른 사람이 빼앗아 살고 있어 그 집을 찾으려고 한다. 그러니 그 집 주변의 땅을 파서 조사해 보면 알 수 있을 것이다."

땅을 파보니 정말 그곳에서 숫돌과 숯 부스러기가 나왔다. 대장간이 있던 터가 분명해 보였으므로 호공은 져서 물러나고, 용성국 왕자가 그 집에 살게 되었다.

용성국 왕자는 알에서 깨어났다 해서 '탈'이라는 자와, 궤짝에서 나왔다고 해서 '해' 자를 써서 이름을 '탈해'라고 했다. 또한 옛날에 내 집이었다고 하여 다른 사람의 집을 빼앗았기 때문에 성씨를 '석'이라고 붙여 '석탈해'라 부르게 되었다.

석탈해의 이러한 이야기는 곧 남해 차차웅에게까지 전해졌다.

"지혜와 계략이 뛰어난 사내로군. 마땅히 내 사위를 삼아야겠다."

석탈해는 남해 차차웅의 맏딸을 부인으로 맞으니, 이 사람이 '아니 부인'이었다.

어느 날 석탈해는 동쪽에 있는 산에 올라갔다 내려오는 길에 목이 말라 노비 백의에게 물을 떠오게 했다. 백의는 물을 떠오다가 갈증이 나서 자신이 먼저 몰래 한 모금 마셨다. 그런데 뿔로 만든 잔에서 입을 떼려고 하니 도무지 떨어지지 않았다.

겁이 잔뜩 난 백의는 뿔로 만든 잔이 붙은 입 그대로 석탈해에게 달려가 사실대로 말하며 다음과 같이 빌었다.

"앞으로는 절대로 주인님보다 먼저 물을 마시는 일이 없도록 하겠습니다."

그러자 백의의 입에서는 잔이 떨어졌다.

이때부터 백의는 물론 주위 사람들이 모두들 석탈해를 두려워하여 감히 속이는 일이 없었다. 사람들은 동쪽 산에 있는 그 우물을 '요내정'이라 불렀다.

이처럼 석탈해는 일을 잘하고 지혜가 뛰어났기 때문에 남해 차차웅으로부터 두터운 신임을 받았다.

남해 차차웅이 죽은 후 노례 왕자는 매부인 석탈해에게 임금의 자리에 앉으라고 했다. 석탈해는 당연히 왕자가 대를 이어야 한다고 주장했다.

그래도 노례 왕자는 계속 사양했다. 생각다 못하여 석탈해는 한 가지 방법을 내놓았다.

"옛부터 덕이 있고 지혜로운 사람은 이가 많다고 하였소. 그러니 우리 두 사람 중 이가 더 많은 사람이 임금 자리에 앉기로 합시다."

노례 왕자도 그것이 좋다고 했다.

그러나 이미 석탈해는 노례 왕자의 이가 자신보다 더 많다는 것을 알고, 일부러 임금의 자리를 양보하려는 꾀를 쓴 것이었다. 떡에 찍힌 잇자국을 세어보니 과연 노례 왕자의 이가 더 많았다. 따라서 남해 차차웅의 뒤를 이어 노례 왕자가 신라의 3대 임금이 되었다.

이처럼 이가 많은 사람이 임금이 되었다 하여, 이때부터 임금의 칭호를 '이사금'이라고 했다. 그리고 이 노례(또는 유례) 이사금은 '유리왕'이라고도 하는데, 이때에 6부의 이름을 개정하여 여섯 가지 성씨가 내려졌다.

노례 이사금 다음으로 석탈해가 드디어 신라 4대 임금이 되었다. 석탈해 이사금은 임금이 된 후에도 궁궐보다는 초승달 언덕의 집에서 더 많이 머물며 백성을 다스렸다.

## ♣ 함께 생각하기

석탈해가 대장장이였다는 사실은 『삼국유사』의 기사 속에도 그대로 소개되고 있습니다. 이를 통해 당시 신라 시대 초기에 이미 철기로 농기구나 무기를 만드는 기술이 발달해 있었다는 것을 유추해볼 수 있습니다.

석탈해는 원래 용성국 왕자로 배를 타고 신라에 들어왔다고 하는데, 과연 그 나라가 어디인지는 밝혀내기 어렵습니다. 『삼국유사』에는 '정명국' 또는 '완하국', '화하국'이라도고 한다는 해설을 붙여 놓았습니다. 그리고 왜국 동북쪽 1,000리 지점에 그 나라가 있다고 했습니다.

그러나 왜국, 즉 일본 동북쪽에는 실제로 나라가 없습니다. 드넓은 태평양 바다만 펼쳐져 있을 뿐입니다. 최근에는 용성국이 인도 남부에 있던 나라라고 주장하는 학자들도 있습니다. '석탈해'라는 이름이 인도 남부 지역 언어인 타밀어에서 비롯되었다고 보기 때문입니다. '석'은 타밀어로 '대장장이'란 뜻이며, '탈해'는 '우두머리'란 의미를 갖고 있다고 합니다.

남해 차차웅이 이민족인 석탈해를 사위로 삼은 것은 당시 신라에 철기문화를 들여오기 위한 일종의 '정략결혼'이었다고 볼 수 있습니다. 그 아들인 노례 이사금 역시 석탈해에게 왕위를 물려준 것은 석탈해의 뛰어난 지혜와 제철기술을 활용하여 신라를 강국으로 만들겠다는 깊은 뜻이 숨어 있었다고 보아야 할 것입니다.

# 6 연오랑과 세오녀

## 바다 건너 일본으로 가 왕과 왕후가 되다

신라 제8대 아달라 이사금이 즉위한 지 4년째 되던 해(157년)의 일이었다. 당시 동해 바닷가 마을에는 연오랑과 세오녀 부부가 살고 있었다.

어느 날 연오랑이 바다에 나가 미역을 따는데 갑자기 웬 바위 하나가 둥실둥실 파도에 실려 왔다. 연오랑이 그 위에 올라타자 바위는 저절로 파도를 따라 동쪽으로 흘러가 일본 땅에 도착했다.

바위를 타고 나타난 연오랑을 보고 일본 사람들은 기이한 일이라고 생각했다.

"이 사람은 예사로운 인물이 아니다."

일본 사람들은 곧 연오랑을 왕으로 추대했다.

한편 세오녀는 집에서 남편이 돌아오기만을 기다렸다. 그러나 아무리 기다려도 남편이 돌아오지 않자 바닷가로 나가 찾아보았다.

바닷가를 헤매던 세오녀는 어느 바위 위에 남편 연오랑의 신발이 가지런히 놓여 있는 것을 발견했다. 세오녀가 그 바위 위로 올라가자, 바위는 둥실 물 위로 떠오르더니 바다를 건너 일본 땅으로 흘러갔다.

바위에 실려 온 세오녀를 본 일본 사람들은 놀랍고도 이상히 여겨, 곧 왕이 된 연오랑에게로 데리고 갔다. 이렇게 하여 부부는 다시 만나게 되었고, 세오녀는 왕후가 되었다.

그런데 연오랑과 세오녀 부부가 일본으로 떠난 후 신라에서는 해와 달이 갑자기 빛을 잃어 온 나라가 어둠에 잠겨버렸다. 이러한 괴변에 놀란 아달라 이사금은 점을 치는 신하인 일관을 불러 그 까닭을 물었다.

 "우리나라에 와 있던 해와 달의 정기가 이제 일본으로 가는 바람에 이런 변괴가 일어난 것입니다."

 일관이 대답했다.

 "그러면 어찌해야 다시 해와 달이 빛을 발하게 할 수 있는가?"

 "연오랑과 세오녀를 다시 일본 땅에서 데려와야 합니다."

 신라의 아달라 이사금은 곧 사신을 일본에 파견했다. 사신은 자초지종을 말한 후 연오랑과 세오녀에게 다시 신라로 돌아가자고 간청했다.

 연오랑이 말했다.

 "내가 이 나라로 온 것은 하늘이 시킨 일이기에 내 마음대로 할 수 없다. 여기 내 아내가 짠 비단이 있으니, 이것으로 하늘에 제사를 드리면 신라 땅에도 어둠이 걷히고 다시 해와 달이 빛을 낼 것이다."

 사신은 연오랑과 세오녀가 주는 비단을 가지고 신라로 돌아왔다.

 연오랑이 시킨 대로 사신은 동해 바닷가에서 비단을 놓고 제사를 지냈다. 그러자 전처럼 해와 달이 빛을 내기 시작했다.

 이 비단을 임금이 사는 궁궐 곳간에 간직하여 국보로 삼았다. 그 창고 이름을 '귀비고'라 하고, 하늘에 제사지낸 곳을 '영일현' 또는 '도기야'라고 했다.

## ♣ 함께 생각하기

삼국 시대의 바닷가 사람들은 주로 농사일과 고기잡이를 함께 했습니다. 특히 동해의 울주 부근 앞바다에서는 원시시대부터 고래가 많이 잡혀 바위에 고래·거북 등의 그림이 그려진 '암각화'가 발견되기도 했습니다. 바로 '반구대 암각화'가 그것입니다.

이러한 암각화를 통하여 옛날 사람들의 생활 모습을 상상해 볼 수 있습니다. 지금의 영일만 일대는 오징어잡이로 유명한데, '연오랑과 세오녀'의 이야기를 통하여 신라 시대에도 고기를 잡고 미역을 따는 등 바닷가 사람들이 어부 노릇을 하여 생계를 유지했다는 것을 알 수 있습니다.

석탈해의 이야기에서도 아진포의 아진의선이란 할머니가 임금에게 해산물을 진상하는 어부의 어머니였다는 대목이 나옵니다. 이러한 이야기를 통하여 당시 신라 시대의 어부들이 어떻게 살았는지 그 모습을 엿볼 수 있습니다.

연오랑과 세오녀 설화는 『삼국유사』의 저자 일연이 『신라수이전』에서 그 내용을 가져왔다고 합니다. 작자 미상인 『신라수이전』은 한문설화집으로 14편의 신라 설화가 실려 있다고 전해집니다.

학자들 중에는 연오랑과 세오녀가 일본 땅으로 간 것이 단순히 난파선 사건의 기록이라 보는 견해가 있으나, 그로 인해 신라의 문화가 일본 땅에 전해졌다는 사실은 인정해도 좋을 것입니다. 또한 설화 후반부에서 해와 달이 광채를 잃었다는 것은 일식 현상을 표현한 것으로 보기도 합니다.

# 7 미추왕과 죽엽군

## 나라를 위기에서 구한 '대나무 군사'

어느 날 밤, 호공이 반월성 서쪽 마을을 걸어가고 있었다. 그때 근처의 숲에서 닭 울음소리가 들려왔다. 신라 사람들이 신성시 여기는 그 숲에서 닭이 우는 것은 실로 기이한 일이 아닐 수 없었다.

호공은 얼른 닭 울음소리가 들리는 신성한 숲을 쳐다보았다. 그러자 숲속에서는 참으로 놀라운 정경이 펼쳐지고 있었다. 보랏빛 구름이 하늘로부터 땅까지 드리워지면서, 문득 구름 속에서 황금빛 궤짝 하나가 내려와 숲의 나뭇가지에 걸리는 것이었다. 그리고 그 나무 아래서는 눈처럼 새하얀 깃털을 가진 닭 한 마리가 소리 높여 울고 있었다.

호공은 깜짝 놀라 궁궐로 달려가 석탈해 이사금에게 그 사실을 알렸다.

"그곳은 원래 우리나라 사람들이 신성시 여기는 숲인데, 정말 예사로운 일이 아니로군."

석탈해 이사금은 곧 그 숲으로 달려갔다. 정말 숲의 큰 고목에는 황금빛을 찬란하게 내뿜는 금궤 하나가 걸려 있었다. 금궤를 내려 열어보니, 그 안에 사내아이가 누워 있다 발딱 일어났다.

이는 마치 박혁거세의 고사와 같았으므로, 석탈해 이사금은 그 사내아이가 금궤에서 나왔다고 해서 성을 '김'씨로 이름을 '알지'로 지었다. 이때 '알지'는 당시 '아기'라는 말로 쓰이고 있었다. 즉 '금궤에서 나온 아기'라는 뜻에서 '김알지'가 된 것이었다. 그리고 금궤가 발견된 숲은 '닭이 울었다'고 해서 그때부터 '계림'이라 부르게 되었다.

석탈해 이사금이 아기를 안고 궁궐로 돌아오는데, 새와 짐승들이 서로 다투어 따라오며 노래하고 춤을 추었다. 궁궐로 돌아온 임금은 길일을 택하여 그 아기를 태자로 삼았다.

석탈해 이사금이 죽고 나서 태자인 김알지가 임금의 자리에 오를 차례였다. 이때 김알지는 제3대 임금의 아들인 파사에게 그 자리를 양보했다. 제3대 임금인 노례 이사금 다음으로 석탈해 이사금이 대를 이었기 때문에 정작 아들인 파사는 바로 임금이 되지 못했던 것이다. 그래서 김알지는 아버지 석탈해 이사금이 죽고 나자 그 자리를 파사에게 양보하는 게 순서라고 생각했다.

이후 김알지는 세한을 낳고, 세한은 아도를, 아도는 수루를, 수루는 욱부를, 욱부는 구도를, 구도는 미추를 낳았다. 이렇게 대를 이어오다가 김알지의 7세손인 미추가 신라 제13대 임금의 자리에 올랐다. 즉 그 내력을 살펴보면 신라의 김씨는 김알지에서부터 시작된 것이었다.

제13대 미추 이사금은 김알지의 7세손이었다. 선대가 대대로 높은 벼슬을 지냈으며, 그 또한 성현[1]의 덕을 갖추었으므로 이해 이사금[2]의 뒤를 이어 왕위에 올랐다. 왕이 된 지 23년 만에 세상을 떠났는데, 능은 흥륜사 동쪽에 마련되었다.[3]

제14대 유리 이사금 때의 일이었다. 이서국 사람들이 금성을 공격

---

1 성현(聖賢) : 성스럽고 현명한 사람.
2 『삼국사기』에는 이해 이사금이 '점해'로 나온다.
3 원본 『삼국유사』에는 알지 신화라는 별개의 장으로 나누어 썼다.

해왔다. 신라는 대대적으로 군사를 일으켜 적을 막았으나, 오래도록 버티지 못했다.

그때 갑자기 귀에 댓잎을 꽂은 군대(죽엽군)가 아군[1]을 도우러 와서 적군을 무찔렀다. 군대가 물러간 후에는 그들이 어디로 갔는지 알 수 없었다. 다만 미추 이사금 능 앞에 댓잎이 쌓여 있는 것을 보고서야, 사람들은 선왕이 뒤에서 나라를 도왔음을 깨달았다. 이로 인하여 이 능을 '죽현릉'이라 불렀다.

신라 제37대 혜공왕 15년(779)의 일이었다. 그해 4월 어느 날 김유신 공의 무덤에서 갑자기 회오리바람이 일어났다. 그러더니 장군 차림을 한 사람이 나타나 준마에 올라, 갑옷과 무기로 무장한 군사 40명을 이끌고 죽현릉으로 달려갔다. 이들이 능 안으로 사라지고 나서, 그 속에서 무엇인가 진동하는 소리가 울렸다. 간혹 뭔가 호소하는 듯한 말소리도 들려왔는데, 내용은 이러했다.

"신은 평생 동안 어려운 시국[2]을 구제하고, 또한 삼국을 통일한 공로가 있었습니다. 혼백[3]이 되어서도 나라를 보호하고 재앙을 물리치며, 환란[4]을 구제하려는 마음에는 변함이 없습니다. 그런데 지난 경술년에 신의 자손이 무고하게[5] 죽임을 당했습니다. 이것은 지금의 군신들이 저의 공훈[6]을 생각하고 있지 않다는 것이 아니고 무엇이겠습니까? 이제 신은 차라리 이곳을 떠나 멀리 다른 곳으로

---

1 아군(我軍) : 같은 편의 군대.
2 시국(時局) : 당면한 나라 정세.
3 혼백(魂帛) : 사람은 정신과 육체의 결합으로 이루어져 있는데, 죽게 되면 정신인 혼(魂)은 하늘로, 육체인 백(帛)은 땅으로 흩어진다고 한다.
4 환란(患亂) : 근심과 재난.
5 무고(無告)하다 : 괴로운 처지를 하소연할 곳이 없다.
6 공훈(功勳) : 나라를 위하여 세운 공로.

옮겨가 다시는 나라를 위해 애쓰지 않으려고 합니다. 부디 신이 다른 곳으로 옮겨가는 것을 허락해 주시기 바랍니다."

김유신 공의 혼령이 이렇게 하소연을 하자, 미추 이사금 혼령이 대답했다.

"나와 그대가 이 나라를 돌보지 않는다면 저 백성들은 어찌하겠소? 그대는 전과 다름없이 나라를 위해 힘을 쓰도록 하시오."

김유신 공의 혼령이 세 번씩이나 간절히 청했으나, 미추 이사금 혼령은 세 번 다 허락하지 않았다.

그러자 김유신 공의 혼령은 죽현릉을 빠져나와 회오리바람이 되어 자신의 무덤으로 되돌아갔다.

당시의 임금 혜공왕은 신하로부터 이러한 사실을 보고받고, 곧 공신 김경신을 시켜 김유신 공의 묘소에 나가 사과를 드리게 했다. 그리고 그 공덕을 기려 땅 30결을 취선사¹에 내려 명복을 빌었다. 취선사는 바로 김유신 공이 평양을 쳐서 평정한 후 복을 빌기 위해 세운 절이었다.

미추 이사금 혼령이 아니었다면 김유신 공 혼령의 노여움을 막지 못했을 것이다. 그래서 나라 사람들은 미추 이사금의 덕을 감사히 여기고, 삼산²과 같은 등급의 제사를 올렸다. 또한 서차³를 오릉⁴의 위에 놓아 대묘라 일컬었다.

---

1 취선사 : 경상북도 경주에 있던 절이다.
2 삼산(三山) : 국가에서 큰 제사를 지낼 때 그 대상이 된 세 개의 산. 왕도 주변의 산으로 신앙의 대상이 된다. 내림·골화·혈례의 세곳을 지칭한다.
3 서차(序次) : 둘 이상의 대상을 일정한 기준에 따라 먼저와 나중으로 구분하여 벌인 것. '서열'과 '차례'와 비슷한 뜻이다.
4 오릉 : 즉, 혁거세릉이다.

## ♣ 함께 생각하기

신라의 왕을 부르는 호칭이 이웃 나라들과 달리 시대에 따라 달랐습니다. 제1대 박혁거세왕 때는 '거서간', 제2대 남해왕 때는 '차차웅', 제3대 노례왕에서 제16대 흘해왕까지는 '이사금', 제17대 내물왕에서 제21대 소지왕까지는 '마립간', 제22대 지증왕부터 비로소 '왕'이라는 호칭을 사용해 56대 경순왕 때까지 이어졌습니다.

'거서간'은 '거슬한'이라고도 하는데, 이는 당시 주변의 작은 나라로 이루어졌던 진한의 말로 '왕'을 뜻하는 칭호였습니다.

'차차웅'은 당시 지방 사투리로 '무당'을 일컫는 말인데, '제사장'을 뜻합니다. 왕은 하늘에 제사를 지내는 제사장으로서 나라 사람들이 모두 경공하여 섬기므로 왕의 명칭으로 '차차웅'을 사용한 것입니다.

'이사금'은 당시 방언으로 '잇금'이라고 했습니다. 석탈해의 설화에서도 보듯이 '나이가 많은 연장자'를 가리키는데, 서로 돌아가며 신라의 왕이 된 박·석·김 3성 중에서 나이가 많은 사람이 서로 왕위를 이은 까닭에 '이사금'이라 칭했던 것입니다.

'마립간'은 당시 방언으로 '말뚝'을 뜻합니다. 언어학적으로는 '마루'로 발음이 나오기도 하는데, '마루칸'은 즉 '대수장'을 뜻하므로 왕의 칭호로 '마립간'이 쓰였던 것입니다.

'왕'은 신라의 정치제도가 제대로 정비된 '지증왕' 대에서부터 사용했습니다. 당시 신하들이 "우리 시조께서 나라를 세운 지 지금 22대에 이르기까지 단지 방언만을 칭하고 높이는 호칭을 정하지 못했으니, 이제 모든 신하가 한마음으로 삼가 '왕'이라는 칭호를 올립니다."하고 이때부터 왕으로 칭하기 시작했습니다.

# 8 김제상

## 적국의 볼모1가 된 두 왕제를 구하다

신라 제17대 내물 마립간 때였다. 어느 날 왜왕이 사신을 보내 왔다.

"우리 임금이 대왕의 신성함을 듣고 신들을 시켜 백제의 죄를 대왕께 아뢰게 했나이다. 그 공덕이 있으므로 원컨대 대왕께서는 왕자 한 분을 보내시어 우리 임금에게 성심2을 표시하소서."

이에 내물 마립간은 셋째 왕자 미해3를 왜국으로 보냈다. 이때 미해의 나이 겨우 열세 살이라, 내신 박사람을 부사로 삼아 같이 보내 곁에서 보좌하도록 했다. 그러나 왜왕은 두 사람을 억류한 채 30년 동안 돌려보내지 않았다.

그 사이 내물 마립간이 죽고 그의 아들 눌지 마립간이 임금의 자리에 올랐다. 그로부터 3년이 지난 어느 날, 이번에는 고구려의 장수왕이 임금의 동생 보해4를 볼모로 데려갔다.

왜국에 볼모로 있는 미해나 고구려에 볼모로 있는 보해는 모두 눌지 마립간의 동생들이었다.

---

1 볼모 : 강국이 약소국의 왕자나 왕족을 데려다 담보로 삼는 인질.
2 성심(誠心) : 정성스러운 마음.
3 김부식의 『삼국사기』에는 '미사흔'이라 하고, 그가 왜국으로 간 것이 18대 실성왕 원년의 일로 되어 있다.
4 보해(寶海) : 『삼국사기』에는 '복호(卜好)'라고 되어 있다.

즉위한 지 10년이 되던 어느 날, 눌지 마립간은 연회를 베풀 때 신하들에게 말했다.

"요즘 적국에 볼모로 잡혀간 두 아우 때문에 잠을 이루지 못하오. 이미 왜국에 억류된 미해는 서른여섯 해로 접어들었고, 고구려로 보낸 보해도 해가 여덟 번이나 바뀌어가고 있소. 두 아우를 구해올 용기 있는 자를 추천하시오."

눈물을 흘리며 호소하는 눌지 마립간에게 한 신하가 선뜻 나서며 말했다.

"이 일은 실로 쉽지 않사옵니다. 반드시 지혜와 용기를 갖춘 사람만이 감당해 낼 수 있을 것이옵니다. 삽라군[1]의 태수 제상이 가장 적임자로 여겨지옵니다."

눌지 마립간은 곧 제상을 궁궐로 불러들이게 했다.

신하들은 삽라군으로 가서 태수에게 어명을 전했고, 제상은 급히 궁궐로 들어와 눌지 마립간에게 말했다.

"신은 일찍이 임금님에게 근심스러운 일이 있다면 그 신하가 명예롭지 못하고, 임금님에게 명예롭지 못한 일이 있다면 신하는 그 일을 위해 죽어야 한다고 들었습니다. 만일 그 일의 어렵고 쉽고를 따진 다음에 행하는 것은 참다운 충성이라 할 수 없으며, 죽을지 살지를 헤아려본 뒤에야 움직이는 것은 진정한 용기가 아닙니다. 신이 비록 못난 사람이긴 하오나, 어명을 받들어 일을 수행하겠사옵니다."

눌지 마립간은 이 같은 제상의 충성스런 마음과 그 용기에 감동을 받고 손수 술을 따라주었다.

---

1 삽라군(歃羅郡) : 지금의 경상남도 양산.

술을 받아 마신 제상은 먼저 고구려로 떠났다. 뱃길로 고구려 땅에 이른 그는 변장을 하고 보해의 처소로 잠입했다. 보해를 만난 그는 몰래 둘이서 고구려를 탈출할 계획을 짜고, 먼저 고성 바닷가로 나와 배를 대놓고 기다렸다.

보해는 제상과의 약속대로 며칠 동안 병을 핑계대고 고구려 장수왕의 조례에 참석하지 않았다. 그리고 마침내 5월 15일을 기하여 감시병을 피해 몰래 처소를 빠져나와 제상과 약속한 장소로 도망쳤다.

고성 바닷가에서 기다리고 있던 제상은 얼른 보해를 배에 태웠다. 그러고는 어서 빨리 먼 바다로 나가기 위해 있는 힘을 다해 노를 저었다.

이때 볼모를 감시하던 고구려 군사들은 뒤늦게 보해가 도망친 것을 알고 그 즉시 고성 바닷가로 달려갔다. 그들은 바다 위에 뜬 배를 향해 일제히 활을 쏘아댔고, 제상은 죽을힘을 다해 노를 저었다.

제상은 등에 몇 개의 화살을 맞았는데도 죽지 않았다. 나중에 살펴보니 화살에는 화살촉이 없었다. 보해가 볼모로 있는 동안 많은 인정을 베풀어 고구려 군사들이 화살촉을 뽑은 채 활을 쏘았던 것이다.

보해가 돌아오자 눌지 마립간은 눈물을 흘리며 박제상에게 다시 말했다.

"수고하셨소. 그러나 보해가 왔어도 아직 슬픔은 가시지 않았다오. 일찍이 나는 두 아우를 양팔처럼 든든하게 생각하고 있었는데, 아직 왜국에 있는 아우 미해가 곁에 없으니 한 팔을 잃은 것이나 다름없소. 나머지 한 팔도 찾아주기 바라오."

제상은 다시 어명을 받고 왜국으로 떠나기 위해 율포[1] 앞바다로

---

1 율포(栗浦) : 황해남도 배천군에 있는 마을로, '밤개'라고도 한다.

달려갔다. 그는 집에 들르지도 않고 궁궐에서 곧바로 떠났는데, 그 것은 내심 가족들이 걱정할 것을 생각해서였다.

한편 제상의 아내는 남편이 율포로 떠났다는 소식을 듣고 역시 말을 타고 뒤쫓아 달려갔다. 그녀가 율포 바닷가에 이르렀을 때 이 미 남편은 넘실대는 바다에 배를 띄운 뒤였다. 그녀는 남편이 다시 돌아오지 못할지도 모른다는 생각에 목놓아 울었다.

제상은 바닷가에서 우는 아내를 바라보며 손을 흔들었고, 곧 하늘 과 바다가 맞닿은 곳으로 까마득히 멀어져 갔다. 그는 왜국에 도착 하자마자 왜왕 앞에 나가 짐짓 다음과 같이 거짓말을 했다.

"나는 신라 사람입니다. 신라왕이 아무런 죄도 없는데 나의 아비 와 형을 죽였습니다. 그래서 이곳으로 도망친 것이니 부디 여기서 살 수 있도록 해주십시오."

왜왕은 제상의 말을 곧이듣고 그의 청을 받아들였다.

이렇게 하여 제상은 볼모로 잡혀가 있는 눌지 마립간의 아우 미 해와 자연스럽게 만날 수 있었다. 두 사람은 곧 친하게 되었다. 바 닷가에 나가 고기를 잡고, 산속에 들어가 새 사냥을 즐기며 때를 기다렸다. 이때 두 사람은 잡은 고기와 사냥한 새 들을 왜왕에게 바쳐 의심하지 않도록 했다.

안개가 자욱하게 낀 어느 날 밤, 제상은 미해에게 말했다.

"지금이 탈출하기 가장 좋은 때입니다. 어서 배를 타고 신라로 도 망치십시오."

제상은 숨겨놓았던 튼튼한 배에 미해를 태웠다.

"아니, 그대도 같이 가야 하지 않겠소?"

제상이 배에 오르지 않자, 미해가 물었다.

"아닙니다. 소신이 같이 가게 되면 왜국 군사들이 알아채고 곧 뒤쫓게 될 겁니다. 소신은 여기에 머물며 저들이 뒤쫓는 것을 막겠습니다."

그러면서 제상은 마침 왜국에 와 있던 신라 사람 강구려로 하여금 노를 젓게 하여 미해를 태운 배를 떠나보냈다.

제상은 곧 미해가 머물던 곳으로 돌아왔다. 그는 자신이 대신 그곳에 들어가 미해가 잠을 자고 있는 척했다. 감시병들의 눈을 속이기 위해서였다.

날이 훤히 밝자 감시병들이 문을 두드리며 미해가 있는지 확인하려고 했다. 이때 처소밖에 나와 대기하고 있던 제상이 말했다.

"미해 공이 어제 사냥을 하느라 몹시 피곤하셨던 모양이오. 그래서 아직 일어나지 않고 늦잠을 주무시고 계십니다."

그러나 한낮이 지나고 해가 기울 때까지도 조용하기만 하자, 감시병들은 제상에게 와서 미해가 깨어나지 않는 이유를 물었다.

"허허허! 이미 신라로 떠나신 지 오래되었다."

제상의 말에 놀란 감시병들은 이 사실을 곧 왜왕에게 알렸다.

보고를 받은 왜왕은 매우 화가 나서 제상을 붙잡아오게 하여, 미해를 도망치게 한 죄를 물었다.

"나는 신라의 신하이지 왜국의 신하가 아니다. 나는 이제 신라 임금님의 뜻을 이루었으니 여한[1]이 없다."

박제상은 눈을 똑바로 뜨고 떳떳하게 말했다.

"너는 이제까지 우리나라의 녹을 먹으며 신하 노릇을 해왔다. 그런데 어찌 지금 네 입으로 신라왕의 신하라 하는가?"

왜왕은 속은 것이 분하여 수염까지 부들부들 떨며 소리쳤다.

---

1 여한(餘恨) : 풀지 못하고 남은 한.

"왜국의 신하가 된 것은 거짓이었다. 내 신라의 개, 돼지가 될지언정 너희 왜국의 신하는 되고 싶지 않다. 차라리 신라의 매질을 받을지언정 너희 왜국의 녹[1]은 먹지 않겠다."

제상의 말에 왜왕은 노여움을 이기지 못해 소리쳤다.

"갈대를 베어낸 뒤 저놈 발바닥 가죽을 벗겨 그 위를 걷게 하라!"

제상은 그때 온갖 고문을 당했는데, 심지어는 철판을 달구어 그 위를 걷도록 한 경우도 있었다.

왜왕이 다시 물었다.

"너는 어느 나라 신하인가?"

"신라의 신하다."

제상의 대답에는 변함이 없었다.

왜왕은 드디어 제상을 더 이상 굴복시킬 수 없다고 판단하고, 신하들로 하여금 목도섬으로 끌고 가서 장작불에 태워 죽이게 했다.

한편 왜국에서 도망친 미해는 안전하게 신라 땅에 도착했다.

두 아우를 다시 찾은 눌지 마립간은 기쁨을 감추지 못했다. 그리고 한편으로는 왜국에서 화형을 당한 제상의 충정에 눈물을 머금었다.

눌지 마립간은 제상의 장렬한 죽음을 기리기 위하여 그에게 '대아찬[2]'의 벼슬을 내리고, 그의 아내를 받들어 '국대부인'에 봉했다. 그리고 그의 둘째 딸을 미해의 부인으로 맞아들여 충신의 은혜에 보답했다.

제상이 왜국으로 떠나는 것을 보고 붙잡지 못한 그의 부인은 당시 망덕사 문 남쪽 모래 위에 드러누워 오래도록 울부짖었다. 친척

---

1 녹(祿) : '녹봉(祿俸)'의 줄임말로, 관리에게 주던 일한 대가로 주는 금품.
2 대아찬(大阿湌) : 신라 시대 관등으로, 진골만 받을 수 있는 높은 직급이다.

두 사람이 부인을 붙들고 집으로 돌아오려고 하자 다리를 뻗고 앉아 일어나지 않으므로, 그 지명을 '벌지지[1]'라 했다.

오랜 후에도 부인은 남편을 사모하는 심정을 견디지 못해 치술령에 올라가 왜국을 바라보고 애통하게 울다 죽었다. 이에 부인은 '치술신모'가 되었다. 지금도 부인을 추모하는 사당이 있다.

---

1 벌지지(伐知旨): '다리를 뻗친다'는 뜻으로, 곧 '뻗치다'를 우리의 고유음으로 표현한 말이다.

## ♣ 함께 생각하기

옛날에는 나라와 나라 사이에 전쟁이 자주 일어났습니다. 전쟁에서 승리한 나라는 다시 전쟁을 일으키지 못하게 하려고 패한 나라의 왕자를 볼모로 데려갔습니다.

삼국 시대에는 고구려·백제·신라가 서로 한강 유역의 땅을 차지하기 위하여 자주 다투던 시기였으므로, 약소국의 왕자를 볼모로 끌고 간 경우가 많았습니다.

이러한 것은 삼국 시대 때만 일어난 일이 아니었습니다. 고려 시대 때는 원나라가 고려 왕자들을 볼모로 데려갔으며, 조선 시대 때는 청나라가 또한 조선의 왕자를 데려다 볼모로 삼았던 적이 있었습니다.

# 9 소지 마립간

"거문고 갑을 쏘아라"

신라 제21대 임금인 소지 마립간[1] 때의 일이었다. 즉위한 지 10년(488)이 되던 해였는데, 왕은 어느 날 '천천정'이라는 경치 좋은 누각에 올라 쉬고 있었다. 그때 갑자기 까마귀와 쥐가 와서 시끄럽게 울어댔다.

기분이 몹시 상한 소지 마립간은 자리를 털고 일어나려 했다. 그러자 쥐가 사람의 말로 이렇게 지껄이는 것이었다.

"이 까마귀가 가는 곳으로 따라가 보십시오."

소지 마립간은 기이한 일이라 여겼다. 그래서 군사에게 말을 타고 까마귀가 날아가는 곳으로 달려가게 했다.

까마귀를 좇아가던 군사는 경주 남산 동쪽 기슭에 있는 피촌이란 마을에 도착했다. 그때 두 마리의 돼지가 씩씩거리며 싸우고 있었다. 그 모습이 자못 볼만하여 한눈을 팔고 있는 사이, 군사는 그만 좇고 있던 까마귀를 놓치고 말았다.

군사가 어찌할 바를 모르고 우왕좌왕할[2] 때 길가 연못의 한가운데에서 웬 노인이 나타나 편지 한 통을 건네주었다.

'까마귀가 이 노인을 만나게 해주려고 이곳으로 날아온 모양이

----

1 소지 마립간 : 비처왕이라고도 한다.
2 우왕좌왕(右往左往)하다 : 우로 갈까 좌로 갈까 갈팡질팡하다.

로군.'

이렇게 생각한 군사는 곧 그 편지를 가지고 소지 마립간이 있는 곳으로 돌아왔다.

소지 마립간은 그 편지를 살펴보았다. 편지 겉봉에는 다음과 같이 쓰여 있었다.

'이 편지를 뜯어보면 두 사람이 죽고, 뜯어보지 않으면 한 사람이 죽는다.'

도무지 영문을 알 수 없는 내용이었다.

그래서 소지 마립간은 혼잣말로 말했다.

"아예 뜯어보지 않는 게 좋겠군. 두 사람이 죽을 바에야 차라리 한 사람이 죽는 편이 낫지 않겠나?"

소지 마립간은 곧 편지를 없애버리려고 했다.

그때 점을 칠 줄 아는 관리인 일관이 옆에 있다가 말했다.

"두 사람이란 보통 서민을 가리키는 말이고, 한 사람이란 임금님을 가리키는 말입니다. 부디 뜯어보시는 것이 좋을 줄로 압니다."

이 말을 들은 소지 마립간은 그 말이 그럴 듯하다 여겨, 곧 편지를 뜯어보았다. 편지 안에는 다음과 같은 내용이 적혀 있었다.

'거문고 갑을 쏘아라.'

단지 편지 내용은 이 한 마디뿐이었다.

소지 마립간은 곧 궁궐로 돌아왔다. 마침 임금이 거처하는 곳에 거문고 갑이 놓여 있었다. 그것을 보자 문득 이상한 노인이 주었다는 편지의 내용을 떠올랐다.

곧 소지 마립간은 거문고 갑을 향해 활을 쏘았다. 그러자 화살이 꽂힌 거문고 갑 안에서 사람의 비명 소리가 들렸다.

소지 마립간이 놀라 신하들에게 거문고 갑을 열어보게 했다. 그

안에서 남녀 두 사람이 나왔다. 그들은 왕비와 궁중에서 불공드리는 일을 맡고 있는 중이었다. 이들은 둘이 좋아하여 서로 짜고 소지 마립간을 죽여 모반¹을 꾀하고자 거문고 갑 속에 숨어 있었던 것이다. 곧 두 사람은 처형을 당했다.

이때부터 민가에서는 매년 정월 첫째 돼지날과 첫째 쥐날, 그리고 첫째 말날에는 모든 일을 조심해야 한다면서 함부로 문밖출입을 하지 않는 풍속이 생겼다. 그리고 이때부터 정월 대보름날을 까마귀 제삿날이라 하여, 정성껏 찰밥을 지어 제사를 지내는 풍속도 전해 내려오게 되었다.

이런 풍속들을 방언으로 '달도'라고 하는데, 이는 곧 '구슬프고 근심이 되어 모든 일을 조심하고 금한다'는 뜻이다. 또 노인이 편지를 가지고 나온 못을 '서출지'라고 불렀다.

---

1 모반(謀反) : 국가나 군주의 전복을 꾀함.

## ♣ 함께 생각하기

새해가 시작되어 맞는 첫 번째 보름을 '대보름'이라고 합니다. 지금도 보름이 되면 호두·밤·은행·땅콩 등등 껍질이 딱딱한 것을 이로 깨물어 알맹이를 꺼내 먹는 풍속이 전해지고 있습니다. 이것을 '부럼'이라고 합니다. 이렇게 하면 한 해 동안 태평무사하고, 몸에 부스럼이 나지 않는다는 것입니다. 이 대보름을 '상원'이라고도 하는데, 이날은 오래 살라는 뜻에서 약밥을 먹고, 귀가 밝으라고 귀밝이술을 한 잔씩 마시기도 하는 풍습이 있습니다.

이러한 정월 대보름의 유래는 바로 신라 소지 마립간 이야기에서 비롯된 것입니다. 신라 시대에는 까마귀 제사를 지내는 풍속이 있었다고 전해집니다. 지금도 신라 도성이었던 경주 지방에서는 '오기일', 즉 '까마귀 제삿날'이라 하여 찰밥으로 제사를 지내는 풍습이 남아 있다고 합니다. 현재까지도 농촌 지방에서는 정월 대보름날 '쥐불놀이'라는 풍속이 전해오고 있는데, 이 또한 소지 마립간의 이야기에 나오는 쥐와 관계가 있는 것인지도 모릅니다.

# 10 지철로왕

## 똥덩어리 큰 여자와 결혼하다

신라 제22대 지철로왕의 성은 김씨요, 이름은 '지대로' 또는 '지도로'라고 했다. 이 왕이 죽고부터 신라에선 시호를 내렸는데, 지철로왕은 '지증'이라 정했다. 그래서 지철로왕을 지증왕이라고도 했는데, 신라 왕을 '마립간'이라 한 것도 이 때부터 시작되었다.

지철로왕은 남자의 상징인 음경이 무려 한 자 다섯 치[1]나 되어 마땅히 결혼할 배우자를 구하지 못하고 있었다. 워낙 대단한 거구였으므로 그의 배우자 역시 장신에 덩치가 매우 큰 여자를 구해야 하는데, 나라 안에서는 그처럼 큰 여자를 좀처럼 찾아내기가 어려웠다.

마침내 지철로왕은 각 지방에 신하들을 보내 왕후가 될 만한 거대한 몸집의 짝을 구해오도록 했다. 한 신하가 모량부에 이르렀을 때였다.

겨울에 늙은 거목 아래서 개 두 마리가 북만큼이나 큰 똥덩어리 하나를 놓고 싸우고 있었다. 개들이 양쪽에서 꽁꽁 언 똥덩어리를 붙들고 질질 끌며 서로 차지하겠다고 다투는데, 누구도 먼저 포기할 줄 몰랐다.

----

1 한 자 다섯 치 : 자는 약 30cm, 치는 3cm로, 치는 촌이라고 하기도 한다.

워낙 똥덩어리가 커서, 그것을 이상하게 여긴 신하가 마을의 한 소녀에게 물었다.

"이건 사람의 똥이 아닌 것 같다. 어찌 이렇게 큰 똥덩어리가 있느냐?"

그러자 소녀가 대답했다.

"모량부 상공의 딸이 냇가에서 빨래를 하다 숲속에 들어가 눈 것인데, 저 개들이 물어다 제 것으로 삼고자 나무 밑에서 싸우고 있는 것입니다."

신하는 소녀의 말이 의심스러워 직접 모량부 상공의 집을 찾아가 보기로 했다. 정말 그 집에 가보니, 신장이 일곱 자 다섯 치나 될 정도로 몸집이 거대한 딸이 있었다.

신하가 궁궐에 들어와 지철로왕에게 그 사실을 알렸다.

지철로왕은 곧 수레를 보내 모량부 상공의 딸을 궁궐로 맞아들여 왕후로 삼았다. 신하들이 모두 기뻐하며 축하해마지 않았다.

지철로왕 때의 일이었다. 아슬라 주[1] 동쪽 바다에 돛단배로 순풍을 타고 이틀이면 갈 수 있는 곳에 우릉도(지금의 '울릉도')라는 섬이 있었다. 섬의 둘레가 2만 6천 7백 3십 보[2]였다. 그 섬에 사는 오랑캐[3]들이 바닷물 깊은 것만 믿고 교만하게[4] 굴면서 복종하지[5] 않았다.

지철로왕은 이찬 박이종에게 명하여 군사를 거느리고 가서 우릉

---

1 아슬라 주 : 오늘날의 강원도 강릉시.
2 보 : 보는 길이의 하나치로, 1보는 약 1.85미터이다.
3 오랑캐 : 이민족을 멸시하여 부르던 말.
4 교만(驕慢)하다 : 잘난 체하고 뽐내며 건방지게 굴다.
5 복종(服從)하다 : 남의 명령이나 의사를 그대로 따라서 하다.

도를 토벌토록 했다. 박이종은 나무로 여러 마리의 사자를 만들어 배에 싣고 가서 오랑캐들에게 엄포를 놓았다.

"너희들이 나에게 항복하지 않으면 이 사자들을 섬에다 풀어놓겠다."

우릉도의 오랑캐들은 겁을 잔뜩 집어먹고 즉시 항복했다.

지철로왕은 박이종의 공을 높이 칭찬하여 큰 상을 내리고, 아슬라주를 다스리게 했다.

## ♣ 함께 생각하기

신라에서 '왕'이란 칭호를 쓴 것은 지증왕 때부터입니다. 그런데 『삼국유사』 본문에는 지철로왕, 즉 지증왕 때부터 '마립간'이라 썼다고 기록되어 있습니다. '마립간'은 내물왕 때부터 소지왕 때까지 쓰인 호칭입니다. 같은 책인 『삼국유사』 제1권 왕력편에도 내물왕 때부터 '마립간'이란 호칭을 사용했다고 나오는 것을 보면, '지철로왕 때 마립간이라 썼다'는 기사는 오류일 가능성이 큽니다.

신라의 국호는 지증왕 때까지 '사라', '사로', '계림', '서라벌', '신라' 등 여러 가지로 불렸습니다. 그러다가 지증왕 재위 4년에 국호를 '신라'로 확정지었으며, 이와 함께 임금의 호칭도 '왕'으로 통일했습니다.

우릉도(울릉도, 즉 우산국)를 신라에 복속시킨 '박이종'이 『삼국사기』 기록에는 '이사부'로 나옵니다. 이름이 다르지만 같은 인물입니다.

'김제상'을 '박제상'이라고도 기록하기도 했지만, 성이 다르나 같은 인물입니다. 『삼국유사』에 보면 '내물왕과 김제상'으로 되어 있는데, 『삼국사기』 '열전편'에는 '박제상'이란 이름으로 나와 있습니다. 고구려와 왜국에 볼모로 잡혀간 두 왕제를 탈출시키는 이야기도 두 저술의 기록이 대동소이[1]합니다.

---

1 대동소이(大同小異) : 대체로 내용이 거의 같고 조금 다른 데가 있음.

# 11 도화녀<sup>1</sup>와 비형랑

## 임금의 혼<sup>2</sup>과 사랑을 해 낳은 아들

신라 제25대 사륜왕은 576년에 왕위에 올랐으며, 시호<sup>3</sup>는 '진지왕'이라고 했다. 나라를 다스린 지 4년이 지났지만, 임금은 나라 일을 돌보지 않고 먹고 즐기는 일에만 몰두했다. 참다못한 백성들이 그를 임금의 자리에서 쫓아냈다.

진지왕이 임금의 자리에 있을 때의 이야기다.

사량부라는 곳에 얼굴이 아주 예쁜 여인이 있었다. 그래서 그 이름조차 복사꽃처럼 화사하다 하여 '도화랑'이라 불렀다.

진지왕은 도화랑의 아름다움에 대해 전해 듣고 곧 그녀를 궁궐로 불러들였다. 그러고는 자신의 곁에서 함께 살자고 말했다.

이때 도화랑은 또렷한 목소리로 대답했다.

"두 남편을 섬기지 않는 것이 여자가 지켜야 할 도리입니다. 남편을 두고 어찌 다른 남자에게 가서 살 수 있겠습니까? 아무리 어명이 지엄하다<sup>4</sup> 하더라도 이것만은 여자가 지켜야 할 도리<sup>5</sup>이니, 용서해주시기 바랍니다."

---

1 도화녀(桃花女) : '도화랑'이 여자여서 '도화녀'라고도 불렀다.
2 혼(魂) : 죽어서 떠도는 넋. 영혼.
3 시호(諡號) : 죽어서 그 공덕을 기려 임금이나 재상에게 내리는 이름.
4 지엄(至嚴)하다 : 매우 엄하다.
5 도리(道理) : 사람이 마땅히 해야 할 바른 길.

진지왕은 화가 나서 소리쳤다.

"감히 임금의 명을 어기다니? 너는 죽어도 좋단 말이냐?"

도화랑은 눈 하나 깜짝 하지 않고 단단히 결심이 선 목소리로 대답했다.

"차라리 거리에서 목을 베어 죽게 될지언정 남편이 아닌 다른 남자를 따르진 않겠습니다."

진지왕은 문득 목소리를 낮추어 물었다.

"그래? 남편이 없다면 되지 않겠느냐?"

"그러면 될 수 있습니다."

도화랑도 더 이상 꾸며댈 말이 없어, 할 수 없이 그렇게 대답했다.

그런데 바로 그해에 진지왕은 왕위에서 쫓겨난 뒤 곧 죽었다.

진지왕이 죽은 뒤 3년이 지났을 때 도화랑의 남편 또한 죽고 말았다.

도화랑의 남편이 죽은 지 10일쯤 지난 어느 날 밤이었다. 이미 죽은 지 3년이 지난 진지왕이 생시[1]의 모습 그대로 나타났다.

진지왕은 도화랑이 자는 방으로 들어가 다음과 같이 말했다.

"이제 네 남편이 죽었으니, 전에 약속했듯이 나와 함께 살지 않겠느냐?"

도화랑은 어찌할 줄 몰랐다. 그렇다고 이미 죽어서 귀신이 된 진지왕의 청을 받아들일 수는 없는 노릇이었다.

그래서 도화랑은 부모에게 그 사실을 말했다.

"비록 귀신이라 하더라도 임금님의 명을 어길 수는 없지 않겠느냐?"

---

1 생시(生時) : 살아 있을 당시.

부모의 이 같은 말에 도화랑도 더 이상 어찌할 수가 없었다.

곧 도화랑은 죽어서 귀신이 된 진지왕과 7일 동안 한방에서 지냈다. 두 사람이 함께 지내는 동안 도화랑의 집 지붕 위로 오색구름이 하늘을 감쌌으며, 향기로운 냄새가 방안에 가득했다.

7일이 지난 후 진지왕은 홀연히 사라졌다.

그러고 나서 도화랑은 귀신이 되어 나타난 진지왕과의 사랑 끝에 임신을 했다. 열 달이 차서 아기를 낳으려고 할 때, 갑자기 하늘과 땅이 진동했다.

도화랑은 남자 아이를 낳았는데, 이름을 '비형'이라고 지었다.

진지왕의 뒤를 이어 임금의 자리에 오른 진평왕은, 도화랑이 아들 비형을 낳았다는 이야기를 듣고 신기하게 여겼다. 그래서 궁궐로 데려다 길렀다.

비형의 나이 열다섯 살이 되었을 때 진평왕은 그에게 '집사'란 벼슬을 주었다.

그런데 그 무렵 비형랑에 대한 이상한 소문이 떠돌았다. 그가 매일 밤 궁궐을 빠져나가 어느 먼 곳을 떠돌다 돌아온다는 것이었다.

진평왕은 이상하게 여겨 용감한 군사 50명을 뽑아 비형랑이 밤마다 어디를 떠돌다 돌아오는지 몰래 따라가 보게 했다.

군사들이 미행을 해보니, 비형랑은 밤마다 궁궐의 높은 성벽을 뛰어넘어 서쪽 황천 냇가로 달려가는 것이었다. 그 냇가에는 밤마다 귀신들이 모여들곤 했는데, 비형랑은 그들과 함께 날이 샐 때까지 즐겁게 놀았다. 그러다가 새벽 종소리가 들려오면 귀신들이 뿔뿔이 흩어지고, 비형랑은 다시 혼자서 궁궐로 돌아왔다.

군사들은 간밤에 비형랑과 귀신들 사이에 있었던 이야기를 진평왕에게 보고했다.

　진평왕은 비형랑을 불러 물었다.

　"네가 밤마다 귀신들과 어울려 논다고 하던데, 과연 그것이 사실이냐?"

　"예, 그렇습니다."

　비형랑은 숨김없이 대답했다.

　"그렇다면 네가 귀신들을 부려 신원사 북쪽 개천에 다리를 놓을 수 있겠느냐?"

　"예, 분부대로 하겠습니다."

　진평왕의 말에 비형랑은 순순하게 대답했다.

　비형랑은 곧 어명을 받들어 귀신들에게 달려가 다리를 놓는 일을 의논했다. 귀신들도 비형랑의 말이라면 듣지 않을 수 없었다.

　다음날 곧바로 귀신들은 제각기 돌을 날라다 다듬고 기둥을 세우는 등 열심히 작업을 했다. 단 하룻밤 사이에 큰 다리가 완성되었다.

　이 다리를 귀신들이 만들었다 하여 '귀교'라 불렀다.

　진평왕은 비형랑에게 또 물어보았다.

　"귀신들 가운데 인간 세상으로 나와서 나라 일을 도울만한 자가 있는가?"

　"있습니다. '길달'이란 귀신인데, 나라 일을 도울만합니다."

　비형랑이 대답했다.

　진평왕은 비형랑에게 곧 길달을 데려오라 일렀다.

　다음날 비형랑이 길달을 데리고 왔다. 진평왕은 길달에게도 비형랑과 같은 '집사'란 벼슬을 내렸다. 길달은 과연 충성을 다하여 나라 일을 도왔다.

그때 마침 각간1 임종에게는 아들이 없었다. 진평왕은 임종에게 길달을 양아들로 맞아들이게 했다.

임종은 양아들이 된 길달에게 흥륜사 남쪽에 문을 세우게 했다. 곧 길달은 문을 세우고, 그 위의 누각에 올라가 잠을 자곤 했다. 그래서 그때부터 그 문은 '길달문'이라 불렸다.

그러던 어느 날 길달은 인간의 모습을 감춘 채 여우로 변하여 달아났다. 비형랑은 자신이 부리던 귀신들을 시켜 길달을 잡아오게 해 죽여 버렸다. 이때부터 귀신들은 비형랑의 이름만 들어도 무서워서 달아나게 되었다.

당시 사람들은 비형랑을 두고 다음과 같이 노래했다.

'임금의 혼이 낳으신 아들
비형 도령의 집 바로 여기네
날고뛰는 온갖 귀신들아
이곳에 함부로 머물지 마라.'

이때부터 사람들은 이 가사를 글로 써서 붙여 귀신을 쫓아내는 풍속이 생겼다.

---

1 각간 : 신라 관등의 제1위인 '이벌찬'을 달리 부르는 이름이다.

## ♣ 함께 생각하기

고구려 벽화를 보면 귀족이 수레를 타고 행차하는 모습이 그려져 있습니다. 당시 고구려에서는 수레가 주요 운송수단으로 쓰였다는 증거입니다. 그렇다면 수레가 다닐 수 있는 큰길도 닦았을 것이고, 내를 건너기 위해 다리도 놓았을 것입니다.

고구려 수도였던 안학궁성 남쪽에는 길이가 375m나 되고 너비가 9m나 되는 다리가 있었다고 합니다. 두꺼운 깔판에 난간까지 설치되어 있었다는 것입니다. 이 외에도 고구려에는 사수다리, 평양남교 등이 있었다고 기록에 전해지고 있습니다.

신라에서는 눌지 마립간 시절에 처음으로 평민들에게 소가 끄는 수레 사용법을 가르쳤다는 기록이 있습니다. 또한 신라에서는 한 번에 2,000대의 수레를 동원한 적이 있었으며, 수레를 담당하는 '승부'라는 관청도 있었다고 합니다. 특히 신라에서는 농사를 지을 때 운반수단으로 손수레를 사용했습니다. 경주 계림로에서 출토된 수레 모양 토기는 바로 당시 손수레 모양을 그대로 표현한 것입니다.

백제의 경우 석조건축이나 석탑의 건설이 발달한 것으로 보아 돌을 다루는 솜씨가 매우 뛰어났던 것으로 알려지고 있습니다. 다리 역시 석조나 목조로 이루어졌기 때문에 백제에서도 석조로 만든 다리가 발달했을 것으로 추측됩니다.

이처럼 삼국 시대의 수레문화와 석조건축술의 발달은, 길을 넓히고 다리를 만드는 데 큰 역할을 했습니다.

# 12 진평왕


## 하느님이 내린 옥띠, 신라의 보물이 되다


진평왕은 신라 제26대 임금으로 579년에 즉위했다. 어린 시절 이름은 '백정'이었다.

진평왕은 키가 열한 자나 되는 거인이었는데, 얼마나 힘이 장사인지를 잘 알려주는 유명한 일화가 있었다.

하루는 진평왕이 자신의 명으로 세운 내제석궁에 행차했다[1]. 그런데 왕이 돌계단을 밟는 순간 튼튼하게 쌓은 댓돌 세 개가 한꺼번에 무너져 내렸다.

이때 진평왕은, 너무 놀라 입을 다물지 못하고 서 있는 좌우의 신하들을 돌아보며 말했다.

"이 돌을 옮기지 말고 그 자리에 두어 후대의 사람들에게 보여주도록 하라."

이것은 물론 진평왕이 자신의 남다른 힘과 기골이 장대한 모습을 과시하기 위한 말이었다. 지금도 성 안에는 사람 힘으로 움직일 수 없는 돌 다섯이 있는데, 그중 하나가 바로 이 돌이라고 했다.

진평왕에 대한 재미있는 일화는 이밖에도 많이 있다. 왕이 즉위한 첫해의 어느 날이었다. 왕이 대궐 뜰을 거닐며 앞으로 나라 다스릴

---

1 행차(行次)하다 : 임금이나 높은 사람이 차리고 나서서 길을 가다.

일로 여러 가지 생각이 바쁜데, 갑자기 하늘이 열리면서 궁궐의 뜰 아래로 천사가 내려왔다.

"하늘에 계신 상제께서 이 옥띠를 신라의 새 임금께 전해주라 하셨으니, 어서 이 옥띠를 받으십시오."

천사는 진평왕에게 사뿐히 고개를 숙여 절을 하면서 두 손으로 황금빛 찬란한 옥띠를 바치는 것이었다.

진평왕은 무릎을 꿇고 앉아 공손하게 옥띠를 받았다.

하느님이 내려준 이 옥띠는 길이가 열 뼘에, 금과 옥으로 새긴 예순두 개의 장식이 달려 있었다. 이때부터 진평왕은 천지신명께 제사 드리는 '교사제' 때나, 조상님께 제사 드리는 '종묘제' 때에 반드시 이 옥띠를 맸다.

그 후 고구려왕이 신라를 칠 계획을 세운 적이 있었다. 이때 고구려왕이 신하들에게 물었다.

"신라에는 세 가지 보물이 있어서 침범하지 못한다고 하니, 그게 무엇이냐?"

좌우의 신하들이 대답했다.

"그 세 가지 보물 중 첫째는 황룡사의 장륙존상이라는 거대한 좌불상이고, 둘째는 그 절의 구층 석탑입니다. 그리고 셋째는 진평왕이 하느님에게서 받은 옥띠라 합니다."

이 말을 들은 고구려왕은 즉시 신라를 치려던 계획을 중단했다.

다음과 같이 기린다.

'저 구름 위의 상제님이 내려주신 옥띠,
 임금님의 곤룡포에 잘도 어울리네.
 이에 따라 우리 임금님 몸은 더욱 무거워져,
 내일 아침에는 무쇠 섭돌을 만들어야 하리.'

## ♣ 함께 생각하기

　삼국 시대에는 농업이 발달하면서 하늘에 제사를 지내는 행사나 축제들이 많이 생겨났습니다. 농사를 지으려면 가장 중요한 것이 물이었고, 물은 하늘에서 얻어지는 것이기 때문에 제사를 지내어 비를 내리게 하는 '기우제'나 수확기에 지내는 '추수감사제' 같은 행사들이 많이 있었습니다. 이러한 제사 뒤에는 축제가 이어졌는데, 술과 가무가 뒤따랐습니다.

　삼국 시대에는 왕이 정치도 행하고, 제사도 주관했습니다. 그러므로 당시 국가에서 지내는 제사는 일종의 정치 행사라고도 할 수 있었습니다. 제사를 주관하는 왕을 보고 백성들은 그를 우러러 떠받들게 되었으며, 풍년이 들거나 흉년이 드는 것도 모두 왕의 덕치행위[1]와 관계가 있다고 보았습니다.

---

1 덕치행위(德治行爲) : 임금이 인자하게 덕으로 나라를 다스리는 행위.

# 13 선덕 여왕

## 세 가지 일을 미리 알아맞히다

632년에 진평왕이 죽고 맏딸인 덕만 공주가 즉위하니, 그가 곧 신라 최초의 여자 임금인 제27대 선덕 여왕이었다. 처음에는 신하들이나 백성들이 여자라 하여 가볍게 보고 미심쩍어하는[1] 일이 많았지만, 곧 선덕 여왕의 지혜로움을 보고 탄복하여[2] 잘 따르게 되었다.

선덕 여왕이 즉위하여 나라를 다스린 16년 동안에 미리 알아맞힌 세 가지 일이 있는데, 바로 다음과 같았다.

그 첫째는 모란꽃에 관한 것이었다.

어느 날인가 당나라 태종이 붉은빛·자줏빛·흰빛의 세 가지 색으로 그린 모란꽃 그림과, 그 꽃씨 석 되[3]를 보내온 일이 있었다. 선덕 여왕은 그 모란꽃 그림을 보고 말했다.

"이 꽃은 아름답지만 향기가 없구나."

그러자 신하가 물었다.

"아니, 대왕께서는 그것을 어찌 아셨습니까?"

"틀림없을 것이니 이 모란꽃의 씨앗을 궁궐 뜰에 심어 보아라."

---

1 미심쩍어하다 : 분명하지 못하여 마음이 놓이지 않는 데가 있다.
2 탄복(歎服)하다 : 매우 감탄하여 마음으로 따르다.
3 되 : 되는 부피를 측정하는 도량형의 단위로, 되에 담은 양만큼을 이야기하는데, 이 부피가 1.8 리터다.

신하들은 선덕 여왕의 명령에 따라 꽃씨를 궁궐 뜰에 심었다. 그리고 얼마의 시일이 지나 싹이 트고, 마침내는 꽃이 피었다. 그 꽃이 피었다가 시들어 떨어질 때까지도 꽃에서는 향기가 나지 않았다.

"어떻게 이 꽃에 향기가 없는 줄 아셨습니까?"

신하들이 물었다.

"꽃 그림을 보면 꽃송이와 꽃봉오리가 모두 탐스럽고 고운 빛을 띠고 있으나, 벌이나 나비가 그려져 있지 않은 걸 보고 향기가 없는 걸 알았다. 이것은 당나라 왕이 선물로 향기가 없는 모란꽃을 보내어, 내가 여자로써 짝이 없이 혼자 지낸다는 것은 잔뜩 비웃어 준 것에 지나지 않는다."

선덕 여왕은 이렇게 말하면서도 얼굴 가득 웃음을 띠었다.

두 번째는 개구리 울음소리를 듣고 적을 물리친 이야기였다.

어느 추운 겨울날, 영묘사 '옥문지'란 연못에 개구리들이 모여 삼 사 일 동안 시끄럽게 울어댄 일이 있었다. 겨울날 개구리가 우는 것을 불길한 조짐이라 여긴 신하들이 선덕 여왕에게 보고했다.

그러자 선덕 여왕은 급히 각간 알천과 필탄을 불러 명령했다.

"경들은 정예군사 2,000명을 뽑아서 속히 서쪽 교외로 달려가시오. '여근곡'이라는 곳을 찾아가면, 그곳에 반드시 적의 복병1이 숨어 있을 것이니, 엄습해서 퇴치토록 하시오."

두 각간은 왕명대로 각각 군사 1,000명씩을 거느리고 서쪽 교외로 달려갔다. 과연 그곳에는 여근곡이 있었으며, 백제군 500명이 계곡에 숨어 있었다. 신라군의 기습으로 백제군은 전멸을 당했다.

---

1 복병(伏兵) : 적이 지나다닐만한 곳에 몰래 숨겨둔 병사.

이때 백제의 장군 '우소'란 자는 여근곡에서 겨우 도망쳐 삼산 고개 바위 뒤에 숨어 있었는데, 신라군은 이를 포위하고 활로 쏘아 즉사시켰다.

　그리고 뒤늦게 당도한 백제군 1,200명이 뒤에서 신라군을 추격했는데, 이 역시 알천과 필탄의 군사가 협공해 크게 무찔렀다. 이때 백제군은 단 한 명도 살아남지 못하고 죽음을 당했다.

　싸움에서 이기고 돌아온 알천과 필탄이 선덕 여왕에게 아뢰었다.

　"어떻게 개구리 울음소리를 듣고 적병이 숨어 있는 곳을 아셨습니까?"

　그러자 선덕 여왕이 빙그레 웃으며 대답했다.

　"개구리가 성난 모양을 하고 우는 것은 병사의 형상을 말한다. '옥문지'란 연못의 '옥문'이란 글자는 여자를 상징하며, 음양으로 따져 '음'에 속한다. 그 '음'의 빛은 흰색인데, 그 흰빛은 서쪽을 상징한다. 그러므로 적병이 서쪽에 있다는 것을 알았다. 또한 양은 음을 이기는 법이니, 양지에서 공격하는 우리 신라군이 음지에 숨어 있는 백제군을 이기는 것은 손쉬운 일이라 판단했다."

　선덕 여왕의 설명을 듣고 나서 신하들은 그 지혜로움에 감탄하여 절로 머리가 숙여졌다.

　세 번째는 선덕 여왕이 자신의 죽음을 예언한 이야기였다.

　선덕 여왕은 아무 병도 없는데 신하들에게 말하기를, 아무 해 아무 달 아무 날에 죽을 것이니 도리천에 장사지내도록 하라는 것이었다.

　신하들은 아무런 병도 없는 선덕 여왕이 갑자기 자신의 죽는 날을 말하니 그저 어리둥절할 수밖에 없었다. 더구나 '도리천'이 어디인지 도무지 알 수 없었다.

"도리천이란 어디를 말하는 것인지요?"

신하들은 무례를 무릅쓰고 물었다.

"낭산 남쪽에 있다."

그러고 나서 얼마 후 정말 선덕 여왕은 자신이 죽는다고 예언한 날에 세상을 떠났다.

신하들은 선덕 여왕이 명한대로 낭산 남쪽 기슭의 양지바른1 언덕에 장사지냈다.

선덕 여왕의 대를 이어 진덕 여왕이, 그 다음에 무열왕, 문무왕으로 이어졌다. 문무왕은 즉위한 지 10여 년이 흐른 후, 선덕 여왕의 능 아래 사천왕사를 세웠다. 불경에 이르기를 '사천왕 하늘 위에 도리천이 있다'고 했다. 선덕 여왕이 예언한 대로 된 것이었다.

이처럼 도리천에 자신을 장사지내라고 한 선견지명2을 깨닫고, 후세 신라인들은 모두들 선덕 여왕을 신령스럽고 성스럽게 여기게 되었다.

--------

1 양지바른 : 햇빛이 잘 드는.
2 선견지명(先見之明) : 미리 앞으로 내다보는 안목.

## ♣ 함께 생각하기

삼국 시대에는 천문학이 크게 발달하여 하늘의 별이나 달, 해에 대한 관찰에 따라 농사의 흉·풍년을 점치기도 했습니다. 이것은 오랜 세월 동안 천체 관측을 통하여 체험으로 터득한 것이므로, 그 전부를 비과학적이라고 말할 수는 없습니다.

현대에 와서 일본의 고분에서 고구려 사람들이 그린 천체 관측도가 나오기도 한 것을 보면, 그 시대에 벌써 천문학이 상당한 수준에 이르렀음을 미루어 짐작할 수 있습니다. 고구려에는 '일자', 백제에는 '일관부'라는 천문과 관련한 관직이 있었습니다. 그리고 특히 신라의 경우 천체 관측을 위하여 첨성대를 세웠을 정도로 천문학이 크게 발달했습니다. 이 첨성대도 지혜로운 선덕 여왕 때 세운 것입니다.

첨성대의 경우 모두 27층으로, 아랫부분 12층과 윗부분 12층의 중간에 3층의 네모진 입구를 만들어 아주 정교하고 아름다운 모습을 보여주고 있습니다. 그리고 첨성대를 쌓은 돌의 수도 모두 366개로 되어 있는데, 이것은 1년이 월수로 12개월, 일수로 365일인 것과 밀접한 관계가 있음을 추측할 수 있습니다. 음력으로는 19년에 7번씩 윤달이 있어, 이것을 정확하게 계산할 경우 1년은 365일보다 약간 많기 때문에 1일을 더 보태어 366일이 된 것입니다. 양력의 경우 1년을 365일로 치는데, 4년에 1번 윤일이 들어 366일이 되는 해가 있기 때문에 당시 천문학이 얼마나 정확했는지 실감할 수 있게 합니다.

# 14 김유신

## 여성 호국신이 목숨을 지켜준 장군

김유신은 이간[1] 무력의 손자이자, 각간 서현의 큰아들이었다. 그리고 그의 아우는 흠순이었다. 맏누이 보희는 어린 시절 이름이 '아해'이고, 손아래누이 문희의 어린 시절 이름은 '아지'였다.

김유신은 진평왕 17년에 월·화·수·목·금·토·일 일곱 가지 별의 정기를 받고 태어났다. 그래서 그의 등에는 일곱 가지 별의 무늬가 박혀 있었다.

화랑이 된 김유신은 특히 검술에 능하여 열여덟 살에 국선[2]이 되었다. 국선은 화랑을 가르치는 최고의 자리였는데, 당시 그의 밑에서 지도를 받던 화랑 중에 백석이란 사람이 있었다.

원래 백석은 부모가 누구인지 어디서 태어났는지 그 근본을 알수 없었다. 그러나 김유신이 지휘하는 화랑들과 함께 열심히 훈련을 했기 때문에 아주 신임이 두터웠다.

그 무렵 김유신은 고구려와 백제를 쳐서 삼국통일을 이루겠다는 결심을 하고 남몰래 밤낮으로 깊이 고민을 거듭했다. 어느 날 백석이 그 계획을 알고 김유신을 찾아와 다음과 같이 말했다.

"저는 공이 계획하고 계신 바를 잘 압니다. 저와 함께 적국으로

---

1 이간 : 신라 관등 제2위인 '이찬'을 달리 부르는 이름이다.
2 국선 : 화랑 및 그 낭도의 총지휘자이다.

잠입해 들어가서 내정[1]을 탐문한[2] 뒤에 계획한 일을 진행하시는 것이 좋을 듯합니다."

김유신은 매일 밤낮으로 방구석에 틀어박혀 궁리만 한다고 일이 성사되지 않는다는 것을 잘 알고 있었다. 마침 백석의 말을 들으니 옳게 여겨져, 아무도 몰래 둘이서만 적국을 정탐하러[3] 떠나기로 했다.

고구려로 가는 도중 어느 고개를 넘을 때였다. 김유신과 백석이 고갯마루에서 잠시 쉬었다가 다시 길을 떠나는데, 그때부터 두 여자가 그들의 뒤를 따라왔다. 그날 밤 골화천이라는 곳에 머물 때, 또 한 여자가 홀연히 나타났다. 이상하게도 세 여자는 자꾸만 김유신과 가깝게 지내려고 노력했다.

김유신은 세 여자와 함께 한바탕 즐겁게 이야기를 나누었다. 그때 여자들은 그에게 맛있는 과일을 주면서 말했다.

"공의 말씀 잘 들었습니다. 그러나 이제 저희들이 공에게 어떤 이야기를 하려고 합니다."

"좋아요. 낭자들께서는 어서 이야기를 들려주시오."

김유신은 유쾌하게 말했다. 그러자 세 여자는 귓속말로 속삭였다.

"저 백석이란 자에게는 비밀로 해야겠기에, 숲속으로 자리를 옮긴 연후에 말씀드릴까 하옵니다."

백석을 굳게 믿고 있던 김유신은 세 여자의 말을 듣지 않으려고 했다. 그러나 워낙 간절하고 지나치기 어려운 부탁이라 그는 할 수

---

1 내정(內政) : 나라 안의 정치 동향.
2 탐문(探聞)하다 : 남몰래 알려지지 않은 사실이나 소식 등을 알아보다.
3 정탐(偵探)하다 : 드러나지 않은 사실을 몰래 살펴 알아내다.

없이 잠시 백석을 따돌리고 세 여자와 함께 근처 숲속으로 자리를 옮겼다.

숲속으로 들어가자 세 여자는 별안간 신령의 모습으로 변하여 말했다.

"우리는 내림, 혈례, 골화의 세 곳[1]을 지키는 호국신이다. 지금 적국의 사람이 그대를 유인해려고[2] 하는데, 그대는 그것을 알지 못하고 따라가고 있다. 지금 그대 앞에 닥쳐온 위험을 알려주기 위해 우리가 여기에 온 것이다."

이렇게 말을 마친 세 신령은 홀연히 사라졌다.

김유신은 신령들의 말에 깜짝 놀랐다. 그는 신령들이 사라진 쪽을 향해 절을 한 후 곧 숲속에서 나왔다.

숙소로 돌아온 김유신은 백석에게 말했다.

"지금 다른 나라에 가면서 깜빡하고 중요한 문서를 놓고 왔다. 다시 집으로 돌아가 그것을 가져와야겠다."

이렇게 말하며 김유신이 집으로 돌아기기 위해 채비를 갖추자, 백석도 하는 수 없이 그의 말을 따를 수밖에 없었다.

집에 돌아온 김유신은 갑자기 백석을 꽁꽁 묶어놓고 따져 물었다.

"네가 나를 속여 적국으로 끌고 가려하는데, 어찌 감히 그럴 수가 있느냐?"

김유신의 호통에, 백석은 자신의 계획이 새어나간 것을 알고 고개를 뻣뻣하게 든 채 말했다.

---

1 내림, 혈례, 골화의 세 곳 : '내림'은 지금 경주의 낭산, '혈례'는 청도의 부산(오리산), '골화'는 영천의 금강산이다.

2 유인(誘引)하다 : 주의 흥미를 일으켜 몰래 꾀어내다.

"나는 본래 고구려 사람이다. 우리나라 대신들이 그러는데, 그대는 전생에 옛날 우리 고구려의 유명한 점쟁이 '추남'이란 인물이었다고 한다."

이렇게 시작한 백석의 고백은 다음과 같았다.

옛날 고구려에 추남이 살던 시절, 언젠가 한 번은 국경 지역에서 물이 거꾸로 흐른 적이 있었다. 이상하게 여긴 고구려왕은 추남을 불러 점을 쳐보게 했다.

점을 쳐본 추남은 '왕과 왕후가 정상적인 사랑을 나누지 않기 때문에 그렇다'고 말했다. 이때 곁에 있던 왕비가 노발대발하여 추남을 가짜 점쟁이로 몰아붙였다.

"저 자는 요망한 여우가 틀림없어요. 진짜 점쟁이인지 아닌지 시험을 해보면 알 거 아닙니까?"

왕후의 말을 듣고 난 왕은 추남을 실험해보기로 했다.

왕은 신하를 시켜 아무도 몰래 상자 속에 쥐 한 마리를 넣게 했다. 신하가 상자를 들고 오자, 왕은 추남에게 그 안에 무엇이 들었는지 맞추어보라고 말했다.

점을 쳐본 추남은 상자 안에 쥐 여덟 마리가 들어 있다고 했다. 왕은 쥐 한 마리를 여덟 마리라고 말했으니 가짜 점쟁이라며 신하들을 시켜 추남을 처형하라 명했다.

처형을 당하기 전에 추남은 큰소리로 외쳤다.

"내가 맹세하노니 죽어서 적국의 대장으로 다시 태어나 이 고구려를 반드시 멸망시키고야 말리라."

왕은 이상한 생각이 들어 추남이 죽은 뒤 상자 속의 쥐를 꺼내 배를 갈라보게 했다. 어미 쥐의 배에는 새끼 일곱 마리가 들어 있었다. 분명 어미 쥐까지 합하면 여덟 마리였으니, 추남이 제대로 맞추었던 것이다.

그날 밤, 고구려왕은 추남이 신라 서현 공 부인의 품속으로 들어가는 꿈을 꾸었다. 그 꿈이 너무도 생생하여 신하들에게 물으니, 추남이 죽기 전에 맹세한 대로 된 모양이라고 말했다.

"추남이 죽은 직후에 그대가 태어난 것이다. 고구려에서는 그대가 범상치 않은 인물임을 알고 나를 보내 유인해 오라고 한 것인데, 사전에 그 비밀이 들통 났으니 억울할 뿐이다. 어서 죽여 다오."

이렇게 백석은 말을 마쳤다.

김유신은 곧 백석을 처형하는 한편, 그에게 계시[1]를 내려준 세 신령에게 온갖 음식물을 갖추어 정성껏 제사지냈다.

---

1 계시(啓示) : 사람의 지혜로는 알 수 없는 것을 신이 가르쳐 미리 알게 함.

## ♣ 함께 생각하기

농업이 발달했던 삼국 시대에는 여성을 '대지의 어머니'로 받들었으며, 그런 정신은 여신을 많이 모시는 풍습으로 이어졌습니다. 그래서 이것을 다른 말로 '지모신'이라고도 했습니다.

고구려의 시조 주몽의 어머니 유화 부인은 남쪽으로 피신가는 주몽에게 비둘기를 통해 보리씨앗을 전해주었다고 하여, 농경을 관장하는 '농업신'으로 받들어졌습니다. 한 해의 풍년을 기념하는 10월 동맹제에서 모셔졌다는 여신도 유화 부인으로 추정됩니다.

신라의 경우 박혁거세의 왕비 알영이 우물가에서 용의 몸을 빌려 태어났다고 하여 '물의 신'으로 모시는 풍습이 있었습니다. 즉 알영도 '농업신'이었을 가능성이 높습니다. 김유신 신화에 나오는 세 명의 여성 호국신도 '내림, 혈례, 골화'라는 지역의 산신이라 하는데, 지금은 그 지역이 어디인지 정확하게 밝혀진 것이 없습니다. 다만 당시 '서라벌'이었던 경주 인근 어디일 것이라고 짐작할 따름입니다.

이처럼 삼국 시대 때 여성은 농업신이나 국가를 수호하는 호국신으로 높이 받들어졌습니다.

# 15 태종 춘추공

## 삼국통일의 기초를 다진 왕

신라 제29대 임금인 태종 무열왕의 이름은 김춘추였다. 아버지는 각간 용수[1]고, 어머니는 진평왕의 딸 천명 부인이었다. 왕비는 문명황후 문희로, 김유신의 누이동생이었다.

어느 해 정월 초에 문희의 언니 보희가 꿈을 꾸었다. 꿈에 서쪽 산에 올라가 오줌을 누었는데, 그 오줌으로 서라벌[2]이 모두 잠겨버렸다. 이튿날 꿈 이야기를 했더니, 문희가 문득 말했다.

"언니, 그 꿈을 내가 사겠어요."

그러자 보희가 물었다.

"그래, 무슨 물건으로 그 꿈을 사려고 하니?"

"내가 장롱 속에 아껴두고 있는 비단치마를 주면 되겠어요?"

"그래. 그렇게 하자."

보희의 말에 문희는 자신의 치마를 활짝 펴고 말했다.

"자, 그럼 여기다 그 꿈을 주세요."

"좋아! 어젯밤 꿈을 네게 주마."

---

1 용수 : '용춘'이라고도 한다.
2 서라벌 : 신라의 수도. 지금의 경주로, '서라벌'이라는 음이 차츰 '서벌'로, '서벌'이 변해 오늘날의 '서울'이 되었다. 따라서 '서울'은 한 나라의 수도를 의미하기도 한다.

보희는 손짓으로 동생 문희의 치마폭에 자신의 꿈을 담아주는 시늉을 했다[1].

문희는 꿈을 사고 나서 약속대로 장롱에서 자신의 고급 비단치마를 꺼내 언니에게 주었다. 정식으로 꿈을 산 셈이었다.

그러고 나서 열흘이 지난 정월 대보름날이었다. 마침 김춘추가 김유신의 집에 놀러왔다.

김유신은 김춘추와 함께 공차기 놀이를 하다가 일부러 상대의 옷을 밟아 옷고름을 떨어뜨린 후에 다음과 같이 말했다.

"아이고, 이거 죄송합니다. 옷고름이 떨어져버렸군요. 우리 집에 들어가 옷고름을 달도록 합시다."

김춘추는 그렇게 하자고 했다. 곧 집으로 같이 간 김유신은 손윗누이인 보희에게 김춘추의 옷고름을 달아달라고 부탁했다. 김유신이 일부러 자신의 누이를 김춘추와 맺어주려는 속셈[2]에서 한 일이었다.

"어찌 그런 사소한 일로 가볍게 귀공자[3]와 가까이 할 수 있단 말이니?"

보희는 단번에 거절했다.

김유신은 할 수 없다는 듯이 이번에는 누이동생인 문희에게 가서 부탁했다.

그러자 문희는 그 부탁을 선뜻 들어주었다. 김춘추는 옷고름을 달아준 문희와 눈이 맞았다.

---

1 시늉하다 : 어떤 모양이나 움직임을 흉내 내다.
2 속셈 : 마음속으로 하는 궁리나 계획.
3 귀공자 : 귀한 집 아들.

그 후 김춘추는 자주 김유신 집에서 문희를 만나 즐겁게 놀다가 곤 했다. 얼마 후 문희는 처녀의 몸으로 아이를 배었다.

김유신은 누이동생 문희를 향하여 마구 화를 내며 큰 소리로 꾸짖었다.

"네가 부모님께 알리지도 않고 몰래 아이를 배었으니, 대체 그게 어찌된 까닭이냐?"

김유신은 일부러 큰 소리로 떠들어대어 자신의 누이동생 문희가 아이를 배었다는 소문이 이웃에 퍼져나가게 했다. 그 소문은 순식간에 서라벌 장안에 쫙 퍼졌다.

어느 날 선덕 여왕이 남산에 행차를 한다는 소식을 접한 김유신은, 그 길목에 나무 장작을 쌓아놓고 불을 질렀다. 그리고 아이를 밴 누이동생 문희를 그 불에 태워 죽이겠다고 많은 사람들이 듣도록 큰 소리로 외쳤다.

마침 선덕 여왕이 궁궐을 나섰다가 연기가 피어오르는 것을 보고 신하들에게 그 까닭을 물었다.

"김유신이 누이동생을 불에 태워 죽이려 하고 있습니다."

소문을 들은 신하가 선덕 여왕에게 그대로 보고했다.

"누이동생을 불에 태워 죽인다니, 그 까닭이 뭐요?"

"김유신의 누이동생이 결혼도 하지 않았는데 임신을 했기 때문이랍니다."

"그렇게 처녀에게 아이를 배게 한 남자가 대체 누구요?"

선덕 여왕이 신하에게 물었다.

이때 선덕 여왕을 가까이에서 모시고 있던 김춘추의 얼굴색이 갑자기 달라졌다. 선덕 여왕은 곧 그것이 김춘추의 소행[1]임을 알고 책망하는 목소리로 말했다.

"네 소행이로구나. 그런데 어서 가서 그 처녀를 살려내지 않고 뭐 하고 있는 거냐?"

그때서야 김춘추는 황급히 말을 타고 달려가 김유신에게 말했다.

"왕명이니, 누이동생을 살려주게나."

이때 김유신은 못이기는 척 불을 끈 후, 문희를 장작 위에서 끌어내렸다.

그러고 나서 얼마 후 김춘추는 문희와 결혼을 했다.

이렇게 하여 김유신의 계획은 성공했으며, 결과적으로 문희는 언니 보희의 꿈을 사서 효험[1]을 보게 된 셈이었다.

---

1 소행(所行) : 이미 저질러놓은 일이나 짓.
1 효험(效驗) : 일이 잘 되어 얻은 결과나 보람.

## ♣ 함께 생각하기

　놀이문화는 축제와 연관이 깊습니다. 삼국 시대에는 축제를 열 때 술과 춤과 놀이를 함께 즐겼기 때문입니다. 정월 대보름을 기하여 고구려에서는 돌팔매 싸움이 성행했습니다[1]. 두 마을이 패를 갈라 돌팔매질을 하는데, 패하여 달아나는 쪽이 흉년이 든다고 하여 치열한 싸움을 벌였습니다.

　정월 대보름날 신라에서는 공차기 놀이가 성행했습니다. 또 5월 단오에는 씨름을 즐겼으며, 8월 추수감사제 때 남자들은 활쏘기를, 여자들은 길쌈내기를 즐겼습니다.

　『삼국유사』 본문에는 정월 대보름을 '오기일'로 표현하고 있습니다. '거문고 갑을 쏘아라' 이야기에도 나오듯이, 오기일은 음력으로 정월 대보름을 가리킵니다. 이날 신라 사람들은 공차기를 즐기는데, 한자어로는 '축국'이라 했습니다. 오늘날 '축구'가 바로 그 명칭에서 온 것이라고 보면 틀림없습니다. 당시 신라 사람들은 '축국'을 다른 말로 '농주희'라고도 했는데, '구슬 놀리기'라는 뜻입니다.

---

1 성행(盛行)하다 : 매우 성대하게 유행하다.

# 16 백제 의자왕[1]


## 나라의 패망을 예지한 기이한 일들

백제의 마지막 임금인 의자왕은 무왕의 맏아들이었다. 그는 태자 시절 용맹과 담력이 뛰어났으며, 부모에게 효도하고 형제간에도 우애가 두터웠다. 그래서 효성이 지극한 중국의 증자[2]에 비유하여 '해동 증자'라 불렸다.

그러나 641년 무왕의 뒤를 이어 임금이 된 의자왕은, 즉위 직후부터 술과 여자에 빠져 나라를 돌보지 않았다.

백제 정승인 좌평 성충이 임금의 잘못을 지적하며 충언[3]했지만, 의자왕은 도리어 그를 감옥에 가두었다. 성충은 그곳에서 병들어 죽게 되었는데, 마지막으로 임금에게 다음과 같은 글을 올렸다.

'충신은 죽어서도 임금님을 잊지 못하는 법입니다. 원컨대 한 마디 말씀만 여쭙고 죽겠습니다. 신이 일찍이 시국의 움직임을 살펴보니, 반드시 전쟁이 일어날 것입니다. 전쟁을 할 때는 지형을 잘 살펴야 하는데, 우리 백제군이 상류에 진을 치고 적을 맞아 싸우면 나라를 보전할 수 있을 것입니다. 또 만약 다른 나라 군사가 쳐들

---

1 '태종 춘추공' 조에 나오는 이야기인데, 옮긴이가 임의로 백제 의자왕 이야기를 따로 빼내어 독립된 장을 만들었다.
2 증자(曾子) : 중국 춘추 시대에 공자의 도를 계승한 유학자로 학문과 도덕이 뛰어나다고 알려진 인물.
3 충언(忠言) : 충직하고 바른말을 함.

어온다면 육지로는 탄현을 넘지 못하게 할 것이며, 바다로는 적이 기벌포에 들어오지 못하게 해야 합니다. 우리 백제군은 늘 험한 곳에 의지하여 적을 막아야 승리할 수 있습니다.'

그러나 의자왕은 충신 성충의 이와 같은 마지막 간언[1]조차 무시해버렸다.

세월은 흘러, 의자왕이 즉위한 지 19년이 되는 659년에 나라 곳곳에서 이상한 일들이 일어났다.

어느 날 백제의 오회사에 크고 붉은 말 한 마리가 밤낮으로 무려 여섯 번이나 나타나 절 주위를 돌아다녔다. 그해 2월에는 여우들이 백제의 궁궐에 들어왔는데, 그 중 한 마리는 옛날 좌평 성충이 쓰던 책상 위에 올라가 앉았다. 또한 4월에는 태자궁 안에서 암탉과 작은 참새가 한데 어울려 놀았으며, 5월에는 사비수 언덕 위에 큰 물고기가 나와 죽어 있었다. 이 물고기는 길이가 세 길[2]이나 되었는데, 이것을 먹은 사람들은 모두 죽었다. 그리고 그해 9월에는 궁궐 안에 있는 홰나무[3]가 마치 사람이 우는 소리를 냈으며, 밤에는 귀신이 궁궐 남쪽 길에서 울었다.

다음 해인 660년 1월에는 백제의 도성에 있는 우물물과 사비수가 모두 핏빛으로 물들었다. 또한 서해 바닷가에서는 작은 물고기들이 떼죽음을 당했는데, 백성들이 다 먹을 수 없을 만큼 많았다. 4월에 들어서는 청개구리 수만 마리가 나무 위에 모여앉아 울었다. 이때 장안의 사람들이 공연히 놀라 달아나다 넘어져 죽는 자가

---

1 간언(諫言) : 임금이나 웃어른에게 옳지 못한 일을 고치도록 이르는 말.
2 길 : 길이의 단위로, 사람의 키 정도 되는 길이를 말한다.
3 홰나무 : 콩과에 속하는 큰 나무로, '회화나무'라고도 한다.

100명이나 되었고, 재물을 잃은 자는 그 수를 헤아릴 수 없이 많았다. 6월에는 왕흥사 중들이 보니 배가 큰 물결을 따라 절문으로 들어와 큰 소동을 일으켰다. 그리고 마치 들사슴과 같은 큰 개가 서쪽에서 사비수 언덕으로 달려와 의자왕이 있는 궁궐을 바라보며 짖더니, 이윽고 어디론가 사라져버렸다. 이때 성안에 있는 여러 개들도 길 위로 몰려나와 짖기도 하고 혹은 울기도 하다가 제각기 흩어졌다.

뿐만이 아니었다. 이즈음에 귀신 하나가 궁궐로 들어오더니 큰소리로 "백제는 망한다! 백제는 망한다!"하고 외치더니 이내 땅속으로 사라졌다. 의자왕이 이상하게 여겨 신하를 시켜 그 땅을 파보게 하니, 석 자 깊이에서 거북 한 마리가 나왔다. 그 거북의 등에는 다음과 같은 글이 씌어져 있었다.

'백제는 보름달 같고, 신라는 초승달 같다.'

기이하게 여긴 의자왕은 용한 무당을 불러 그 뜻을 풀어보라고 했다. 무당은 한숨을 쉬더니 곧 다음과 같이 말했다.

"보름달이라는 것은 가득 찬 것이니, 차고 나면 점차 기울게 되는 것입니다. 초승달은 차지 않은 것이니, 앞으로 점점 차오르게 되는 것입니다."

의자왕은 '백제는 기울고, 신라는 성한다'는 무당의 말을 듣고 크게 화를 냈다.

"저 무당을 당장 끌어다 참살하라!"

무당이 끌려 나간 후 의자왕은 곧 다른 무당을 불러들이게 했다.

먼저 왔던 무당이 참형을 당하는 것을 본 다른 무당은, 겁을 잔뜩 집어먹고 목숨만이라도 부지하기 위해 의자왕에게 듣기 좋은 말만 했다.

"보름달은 융성하다[1]는 뜻이고, 초승달은 모자람을 의미합니다. 그러니 우리 백제는 힘이 강하고, 신라는 약하다는 뜻일 것입니다."

의자왕은 그 말을 듣고 기뻐하며, 무당에게 큰 상을 내렸다.

그 다음 해인 660년, 나당 연합군이 백제로 쳐들어왔다. 의자왕은 뒤늦게 충신 성충의 말을 듣지 않은 것을 후회했다.

결국 백제는 망했다.

---

1 융성(隆盛)하다 : 기운차게 일어나다.

## ♣ 생각 함께하기

백제의 의자왕 이야기는 『삼국유사』의 기이편 '태종 춘추공' 조에 실려 있습니다. 즉 김춘추가 왕이 된 이후의 이야기에 소개되고 있는데, 왜 백제의 마지막 왕인 의자왕이 여기에 나오는지는 잘 알 수 없습니다.

의자왕 이야기에는 점을 치는 무당이 등장합니다. '백제는 보름달 같고, 신라는 초승달과 같다.'는 거북의 등에 씌어 있는 글을 놓고 두 무당의 해석이 정반대로 나왔습니다. 이때 제대로 뜻을 푼 무당은 죽고 반대로 말한 무당은 살아남습니다.

무당은 굿을 하는 사람입니다. 원래 굿은 원시 시대부터 시작되었습니다. 고구려에는 수신굿이, 가야에는 수로굿이 있었습니다. 이것은 모두 농사가 잘 되게 하고 나라의 안녕을 위하여 행하던 큰 굿이었습니다. 삼국 시대 초기에는 제정일치 시대였기 때문에, 국가의 왕이 주관을 하여 '국중대회'라는 이름으로 불리기도 했습니다.

그러나 삼국 시대 중기 이후부터는 불교가 정착하면서 점차 나라에서 하는 굿이 없어지고 민간으로 전수되어 내려오게 되었습니다. 굿이 민간신앙으로 정착되면서, 그것을 주관하는 무당이 생겼습니다. 무당은 신의 힘을 빌려 점을 치고 병을 고치는 역할까지 담당했습니다. 그러나 백제의 의자왕이 무당의 잘못된 점괘를 믿다가 나라를 망쳤듯이, 민간에서도 너무 무당을 신봉하다가 큰 낭패를 보는 경우가 있었습니다.

태종 무열왕

■ 제2권 기이 제2

# 1 문무왕

## 사천왕사를 지어 당나라 침략을 막다

신라 제30대 문무왕은 661년에 왕위에 올랐다.

문무왕은 668년에 김인문·김흠순 등과 함께 군사를 거느리고 평양에 이르러, 마침내 당나라 군사와 연합해 고구려를 멸망시켰다. 당나라 장수 이적은 고장왕[1]을 사로잡아 본국으로 돌아갔다.

이때 본국으로 돌아가지 않고 남아 있던 당나라 여러 장병들이 기회를 보아 신라군을 습격하려고 비밀리에 계획을 세웠다. 문무왕은 그 음모[2]를 미리 알고 군사를 일으켜 대응하려고 했다.

그 이듬해에 당나라 고종은 인질로 잡혀온 김인문 등을 불러 다음과 같이 꾸짖었다.

"너희들은 우리 군사를 청해 고구려를 쳐부수고는, 이제 도리어 우리 군사를 해치려 하니 무슨 까닭이냐?"

당나라 고종은 김인문에게 죄를 물어 옥에 가두었다.

그러고는 당나라 대군 50만을 훈련시켜 신라를 공격하려고 했다.

그때 마침 신라의 의상 대사가 불법[3]을 공부하기 위해 유학을 가서 당나라에 머물고 있었다.

---

1 고장왕 : 『삼국사기』에는 보장왕이라는 기록이 있다.
2 음모(陰謀) : 나쁜 목적을 갖고 몰래 어떤 은밀한 일을 꾸밈.
3 불법(佛法) : 불교를 이르는 말. 부처님의 말씀을 전하는 불교 경전.

의상 대사는 감옥에 있는 김인문을 찾아갔다가, 그로부터 당나라가 50만 대군으로 신라를 침공할 것이라는 사실을 알게 되었다.

급히 신라로 돌아온 의상 대사는 문무왕에게 그 사실을 전했다. 문무왕은 곧 신하들을 불러놓고 당나라 군대를 막아낼 방법을 물었다.

"요즈음 명랑 법사가 용궁에 들어가서 신통한 비법[1]을 배워왔다고 하니, 그를 불러 대책을 물어보십시오."

각간 김천존이 말했다.

문무왕은 곧 명랑 법사를 궁궐로 불러들이게 했다. 자초지종[2]을 듣고 난 명랑 법사가 다음과 같이 말했다.

"낭산 남쪽에 신유림이라는 곳이 있습니다. 거기에 사천왕사를 세우고 불교를 연구하는 도량을 열면 당나라 군사를 막아낼 수 있을 것입니다."

그때 당나라 군대가 서해를 건너 육지 가까이 당도해 있다는 보고가 들어왔다.

"일이 이미 급하게 되었으니, 이를 어찌하면 좋겠소?"

보고를 받은 문무왕이 명랑 법사에게 물었다.

"우선 급한 대로 비방[3]을 해야 합니다. 여러 빛깔의 비단으로 가짜 절을 만들고, 풀을 버무려 다섯 방향에 신상을 세우십시오."

문무왕은 명랑 법사의 말대로 했다.

이때 명랑 법사는 자신을 비롯한 열두 명의 승려와 함께 당나라 군대를 막는 비법을 행함과 동시에 기도를 올렸다.

---

1 비법(祕法) : 공개하지 않고 비밀리에 어떤 일을 하는 방법
2 자초지종(自初至終) : 처음부터 끝까지 이르는 동안 또는 그 사실.
3 비방(祕方) : 공개하지 않고 자기만 아는 특별한 효과가 있는 처치 방법. 비법과 같은 말.

그러자 아직 바다 가운데 있던 당나라 군대의 배들은 갑작스런 폭풍우로 모두 침몰했다.

그 후 671년에 당나라는 사시 조헌을 장수로 삼아 군사 5만을 이끌고 신라로 쳐들어왔다. 그러나 그 전처럼 명랑 법사가 비법을 썼더니 당나라 군사를 실은 배들이 침몰해버렸다.

이때 한림랑 박문준도 김인문과 함께 당나라 옥에 갇혀 있었다.

당나라 고종이 박문준을 불러 다음과 같이 물었다.

"너희 나라에는 무슨 비법이 있기에, 우리가 많은 군사를 두 번씩이나 보냈는데 살아 돌아오는 자가 없느냐?"

박문준이 대답했다.

"저희들은 당나라에 온 지 십수 년이 되었으므로 본국의 일을 알지 못하옵니다. 다만 멀리서 한 가지 사실만 들어서 알고 있습니다."

"그것이 무엇이냐?"

고종이 다그쳐 물었다.

"신라가 당나라의 은혜를 많이 입어 삼국을 통일했으므로, 그 덕을 갚으려고 새로 사천왕사를 낭산 남쪽에 세우고 황제의 만년 수명을 축원하면서[1] 법회를 열었다고 합니다."

이러한 박문준의 말을 듣고 고종은 크게 기뻐하여, 곧 예부시랑 악붕귀를 신라에 보내 그 절을 살펴보게 했다.

문무왕은 당나라에서 사신이 온다는 소식을 접하고, 그 절을 보여주어서는 안 된다고 판단했다. 그래서 사천왕사 남쪽에 새로 절을 짓고 사신을 기다렸다.

---

1 축원(祝願)하다 : 어떤 일이 희망하는 대로 이루어지기를 마음속으로 간절히 빌다.

마침내 당나라 사신이 와서 문무왕에게 다음과 같이 청했다.

"먼저 황제의 수명을 빈다는 사천왕사에 가서 분향을 하고자 합니다."

문무왕이 사신을 새로 지은 절로 인도하여 보여주었다. 그러자 사신이 절 문전에서 들어가지 않은 채로 말했다.

"이 절은 사천왕사가 아니라 망덕요산의 절이 아닙니까?"

신라에서 금 천 냥을 사신에게 주자, 그는 당나라로 돌아가 고종에게 다음과 같이 아뢰었다.

"신라에서는 망덕요산에 새 절을 짓고 황제의 수명을 축원하고 있습니다."

당나라 사신의 말로 인하여 새 절을 '망덕사'라 불렀다.

이때 당나라 황제는 좋은 소식을 전해준 박문준을 너그럽게 사면해주기로[1] 했다. 그 소식이 신라에도 전해졌다.

문무왕은 곧 유학자 강수를 불러 김인문도 감옥에서 풀어달라고 청하는 표문[2]을 지어 당나라 황제에게 전하도록 했다.

당나라 황제는 신라에서 보낸 표문을 읽고 김인문을 풀어주었으나, 그는 귀국하는 도중 바다에서 빠져 죽었다.


문무왕은 즉위한 지 21년이 되던 681년에 세상을 떠났다. 생전에 문무왕은 늘 지의 법사에게 다음과 같이 말했다고 한다.

"나는 죽은 뒤에 나라를 지키는 용이 되어 불교를 받들고, 국가를 수호하는 것이 소원이라오."

---

1 사면(赦免)하다 : 죄나 허물을 용서하여 놓아주다.
2 표문(表文) : 옛날 국가 간에 사용하던 일종의 외교 문서.

그러자 지의 법사가 물었다.

"용이라 하면 짐승으로 태어나는 것인데, 어찌 대왕께선 다시 사람으로 태어나지 않고 스스로 용으로 태어나려 하신단 말입니까?"

"허허허, 나는 이미 세상의 영화[1]를 다 누려본 사람이오. 이젠 사람 노릇도 싫증이 날 정도라오. 그러므로 비록 내가 저 세상에 가서 짐승을 태어난다 해도 나쁠 것이 없소."

문무왕이 세상을 떠나자, 유언대로 동해 바다 수중에 장사지냈다[2].

---

1 영화(榮華) : 귀하게 되어 세상에 드러나고 이름이 빛나는 것.
2 동해 바다 수중에 장사지냈다 : 화장한 뒤 그곳에 뼈를 묻었다고 한다. 그래서 그 바위를 '대왕암'이라 하며, 1967년 고적 답사반에 의해서 경북 감포 앞바다에서 그 왕릉이 발견되었다.

## ♣ 함께 생각하기

절은 어느 곳에 자리를 잡았느냐에 따라 석굴사원, 평지사원, 산지사원의 세 가지로 분류할 수 있습니다. 석굴사원은 암석으로 된 석굴을 이용하여 법당을 만든 것이며, 평지사원은 나라의 왕도를 중심으로 하여 주로 평지에 건립된 것입니다. 그리고 산지사원은 개인의 조용한 수행을 위해 깊은 산과 계곡에 자리를 잡은 절입니다.

석굴사원의 대표적인 것으로는 경주 신선사의 석굴과 토함산의 석굴암이 있습니다. 평지사원의 경우 고구려의 대표적인 사원으로 평양 동명왕릉 앞에 있는 정릉사, 백제의 사원으로 부여에 있는 정림사, 신라의 사원으로는 경주의 흥륜사와 불국사 등을 꼽을 수 있습니다. 현재 정릉사, 정림사, 흥륜사는 절터만 남아 있습니다.

신라 문무왕 때 세운 사천왕사는 경주 낭산 기슭에 자리를 잡고 있기 때문에 산지사원에 속한다고 볼 수 있습니다.

이처럼 삼국 시대에는 호국불교를 신봉하면서 사원들을 많이 건립했습니다. 호국불교는 '왕즉불' 사상에서 나왔습니다. 이는 '왕이 곧 부처'라는 말인데, 불교를 통해 나라를 지키고자 하는 정신에서 비롯된 것입니다.

# 2 신문왕

## 마술피리 '만파식적[1]'을 만들다

신라 제31대 신문왕은 681년 7월 7일에 왕위에 올랐다. 그는 부왕인 문무왕을 위해 동해 바닷가에 '감은사[2]'란 절을 지었다.

그런데 이 절에는 다음과 같은 기록이 전해지고 있었다. 문무왕이 왜병을 막기 위해 이 절을 처음으로 지었으나, 역사[3]를 마치지 못하고 세상을 떠나 동해의 용이 되었다. 그 아들 신문왕이 왕위에 오른 다음해인 682년에 절을 완성했는데, 금당의 계단 아래 동쪽을 향해 구멍 하나를 뚫어놓았다. 이것은 바닷물을 통해 용이 절에 들어와 돌아다니게 하기 위한 것이라고 했다. 대개 유언대로 유골을 바다 속의 대왕암에 안치하고, 이 호국 사찰을 '감은사'라고 했다. 그리고 그 후 용이 나타난 곳을 '이견대'라고 했다고 한다.

감은사를 세우고 난 다음해인 682년 5월 초하룻날이었다. 해안을 관장하던 파진찬[4] 박숙청이 신문왕에게 다음과 같이 보고했다.

"동해안에 있는 작은 산 하나가 물에 떠서 감은사를 향해 오는데,

---

1 만파식적(萬波息笛) : '만 가지 걱정을 잠재우는 신비한 피리'라는 뜻을 가지고 있다. 신라 왕실에서 정치적 불안이나 국난이 진정되고 태평성대가 오기를 기원하는 제례에 사용한 피리라고 한다.
2 감은사 : 경북 월성군 양북면 용당리에 있었다. 지금은 그 터에 삼층 석탑이 있다.
3 역사(役事) : 토목이나 건축 따위의 공사.
4 파진찬 : 신라 관등 제4위이다.

물결에 따라 이리저리 떠다니고 있습니다."

신문왕이 이상하게 여겨, 곧 일관 김춘질[1]에게 점을 쳐보게 했다.

"선왕(문무왕)께서 지금 바다의 용이 되어 삼한[2]을 보호하고 계십니다. 또한 김유신 장군도 하늘의 아들이 되어 지금 인간 세계에 내려와 대신이 되었습니다. 이 두 성인[3]이 덕을 함께 쌓아 도성을 지킬 보물을 주시려고 합니다. 대왕께서 바닷가로 나가시면 반드시 값으로 매길 수 없는 아주 귀중한 보물을 얻으실 것입니다."

신문왕은 기뻐하며 5월 7일 날 감은사 뒤편의 이견대로 나가보았다. 정말 바다 위에 떠 있는 작은 산을 발견하고, 곧 신하를 보내어 자세히 살펴보라 일렀다.

바다에 떠 있는 작은 산은 마치 거북의 머리처럼 생겼는데, 그 산위에 한 개의 대나무가 서 있었다. 그런데 그 대나무는 신기하게도 낮에는 두 쪽으로 갈라져 있다가 밤에는 하나로 합쳐지곤 했다. 또한 그 작은 산도 대나무와 마찬가지로 낮에는 둘로 갈라졌다 밤에는 하나로 합쳐지곤 하는 것이었다.

신하가 돌아와서 보고 느낀 대로 보고했다. 신문왕은 감은사에서 묵으며 바다에 떠 있는 작은 산과 대나무를 살펴보기로 했다. 이튿날 보니 정말 둘로 갈라졌던 대나무가 하나로 합쳐지는데, 그 순간 천지가 진동하고 비바람이 휘몰아쳤다. 그로부터 7일 동안이나 캄

---

1 김춘질 : '김춘일'이라고도 쓴다.
2 삼한(三韓) : 삼국 시대 이전에, 우리나라 중남부에 있었던 세 나라. 마한·진한·변한을 이른다.
3 성인(聖人) : 지혜와 덕이 매우 뛰어나 우러러 볼만한 사람. 여기서 두 성인은 문무왕과 김유신을 가리킨다.

캄한 어둠이 계속되었다. 마침내 5월 16일이 되자, 그때서야 날이 개며 바람이 자고 물결도 안정되었다.

신문왕은 직접 배를 타고 바다 위에 떠 있는 작은 산으로 갔다. 그 산에 들어가니 용 한 마리가 검은 옥띠를 받들어 왕에게 바치는 것이었다.

신문왕이 용에게 물었다.

"이 산이 대나무와 함께 혹은 갈라지고 혹은 합쳐지는 것은 무슨 까닭인가?"

그러자 용이 대답했다.

"비유해 말씀드리자면 한 손으로 치면 소리가 나지 않고, 두 손으로 치면 소리가 나는 것과 같습니다. 이 대나무란 물건은 합쳐야 소리가 나는 것이오니, 대왕께서는 소리로 천하를 다스리실 징조입니다. 그러므로 이 대나무를 가지고 피리를 만들어 불게 되면, 온 천하가 평화로워질 것입니다. 이제 대왕의 아버님께서는 바다 속의 큰 용이 되셨고, 김유신 장군은 다시 천신이 되어 두 성인이 마음을 같이하여 값으로 매길 수 없는 큰 보물을 보내신 것입니다."

신문왕은 놀랍고도 기쁜 마음에 검은 옥띠를 바친 용에게 오색 비단과 금과 옥을 선사했다. 그리고 신하를 시켜 대나무를 베어 가지고 육지로 나왔다. 그때 산과 용은 갑자기 바다에서 모습을 감추어 자취[1]도 없이 사라졌다.

이튿날인 5월 17일, 신문왕 일행은 감은사를 떠났다. 그들이 기림사 서쪽 시냇가에 이르러 잠시 수레를 멈추고 점심을 먹고 있을 때였다.

---

1 자취 : 어떤 것이 남긴 표시나 자리. '흔적'과 같은 뜻.

태자 이공[1]이 궁궐을 지키고 있다 신문왕이 돌아온다는 소식을 듣고 달려와 축하를 드렸다. 그리고 찬찬히 옥띠를 살펴보더니 부왕에게 말했다.

"이 옥띠의 여러 장식들은 진짜 용들입니다."

"네가 어찌 그것을 아느냐?"

신문왕이 태자에게 물었다.

"이 옥띠의 장식 하나를 떼어 물에 넣어보면 아실 것입니다."

이공 태자의 말대로 신문왕은 신하를 시켜 옥띠의 왼편 둘째 장식을 떼어 시냇물에 넣어보게 했다. 그러자 정말 그 장식이 꿈틀대며 용이 되어 헤엄을 치더니 이내 하늘로 올라갔다. 그리고 용이 헤엄치던 그 시냇가는 연못이 되었는데, 그때부터 이 못을 '용연'이라고 불렀다.

궁궐로 돌아온 신문왕은 가지고 온 대나무로 피리를 만들어 월성의 천존고에 간직해 두었다. 이 피리를 불면 적병이 물러가고, 앓던 질병이 깨끗이 완치되었다. 또한 가뭄에는 비가 내렸다. 장마가 지면 곧 날이 개고 비가 멎고 물결이 가라앉았다. 이 피리를 '만파식적'이라 부르고 국보[2]로 삼았다.

효소왕 때에 이르러 적군의 포로가 되었던 부례랑이 살아서 무사히 돌아오게 된 기적도, 국보인 만파식적 때문이라 여겼다. 이때부터 이 피리를 다시 '만만파파식적'이라 불렀다.

요술피리 '만파식적'에 대해서는 일본에까지 알려지게 되었다. 일본왕 문경은 786년 10월 11일 신라를 치기 위해 군사를 일으키려

---

1 이공 : 효소왕이다.
2 국보(國寶) : 한 나라의 귀중한 보물.

고 했다. 그런데 신라에 만파식적이란 요술피리가 있어 정벌하기[1] 어렵다는 이야기를 듣고 나서, 일본왕은 잔뜩 겁을 지어먹고 신라 침략 계획을 포기해버렸다. 그러고는 사신을 보내 금 50냥을 줄 터이니, 그 요술피리를 팔지 않겠느냐고 했다.

당시는 신라 원성왕 때였는데, 그런 피리가 없다면서 사신을 조용히 돌려보냈다. 그러자 이번에는 일본왕이 금 1,000냥을 보냈지만, 이를 또한 거절을 했다. 그 후 원성왕은 누가 만파식적을 훔쳐갈지도 모른다고 여겨, 내황전 깊숙이 감춰두고 아주 소중하게 관리했다.

---

1 정벌(征伐)하다 : 적국 또는 죄 있는 무리들을 무력으로 제압하다.

## ♣ 함께 생각하기

만파식적 이야기는 『삼국유사』의 신문왕 기사에 나오는데, 한참 뒤 원성왕 기사에서 다시 등장합니다. 이때는 일본왕의 귀에까지 요술피리 만파식적에 관한 소문이 전해져, 돈을 주고 사가겠다는 이야기가 기록되어 있습니다.

이처럼 만파식적은 왜구의 침입과 관련이 있는 설화입니다. 신문왕의 아버지인 문무왕이 바다 속의 수중릉인 대왕암에 자신의 능을 만들고 동해의 용이 되었다는 것도 왜구를 지키겠다는 강한 의지의 표현이라 할 수 있습니다.

'왜구'는 일본 해적들의 총칭으로, 고려나 조선 시대에만 출몰했던 것이 아닙니다. 이미 삼국 시대에도 자주 바다를 건너와 약탈을 일삼았습니다. 그들은 주로 우리나라와 가까운 규슈(구주) 일대의 섬들에서 고기잡이로 연명하던 사람들이었습니다. 특히 우리나라에서 가장 가까운 대마도(쓰시마)가 대표적인 근거지로 알려져 있었습니다.

대마도는 산으로 이루어진 섬으로, 사람들이 농사를 지을 땅이 없어 고기잡이를 주업으로 삼아 살아갔습니다. 그런데 고기가 잡히지 않는 흉어기가 되면 그들은 칼과 창으로 무장을 한 해적으로 돌변해 배를 타고 한반도로 들이닥쳐 식량을 마구 약탈해갔습니다. 그들로서는 목숨을 부지하기 위해 해적이 되어 육지로 먹을 것을 구하러 쳐들어오는 것이었습니다.

만파식적 설화가 나올 정도라면 신라 시대에도 시시때때로 왜구들이 출몰했을 것이라 추측됩니다. 문무왕이 동해의 용이 되겠다며, 자신이 죽으면 수중릉을 만들어달라고 한 것도 충분히 이해가 가는 일입니다.

조선 시대에 와서 세종 대왕 때는 이종무를 보내 왜구들의 근거지인 대마도를 정벌한 적도 있었습니다. 그때 대마도에서 가장 가까운 부산에 정식으로 거래를 할 수 있는 관청을 만들고, 고기와 곡물을 교역함으로써 왜구의 약탈을 방지하려는 노력도 했습니다.

# 3 수로 부인

## 아름다운 부인이 바다 속 용궁에 다녀오다

신라 제33대 성덕왕 때의 일이었다. 순정 공이라는 벼슬아치에게 '수로 부인'이라는 아름다운 부인이 있었다.

어느 따뜻한 봄날, 순정 공은 강릉 태수로 부임하기 위해 수로 부인과 하인들을 거느리고 동해 바닷가로 길을 떠났다.

바닷가의 경치 좋은 곳에 자리를 잡은 후 점심을 먹고 있을 때였다. 마침 바다를 면해 병풍[1]처럼 둘러친 절벽이 있었는데, 그 높이가 마치 천 길 낭떠러지처럼 까마득했다.

그 높은 절벽 위에는 철쭉꽃이 탐스럽게 피어 있었다. 수로 부인은 연분홍의 그 꽃을 갖고 싶어 하인들에게 물었다.

"누가 나에게 저 꽃을 꺾어다 줄 수 없겠는가?"

그러나 하인들 누구도 감히 그 까마득한 절벽 위에 올라갈 엄두를 내지 못했다.

그때 마침 한 노인이 암소를 끌고 그 곁을 지나가다가 수로 부인의 말을 엿들었다. 노인은 곧 절벽을 타고 올라가 어렵게 철쭉꽃을 꺾어왔다.

노인은 수로 부인에게 철쭉꽃을 바치며 다음과 같이 노래했다.

---

1 병풍(屏風) : 바람을 막거나 장식용으로 방 안에 둘러치는 물건.

'자줏빛 바위 끝에서
손에 잡은 어미 소 놓게 하시니
나를 부끄러워 아니 하시면,
꽃을 꺾어 바치오리다.'

　이러한 '헌화가'와 함께 꽃을 꺾어 바친 노인은 자기가 누구인지도 밝히지 않고, 노래가 끝나자마자 곧 그곳을 떠났다.

　그로부터 이틀이 지나 임해정에 이르렀을 때였다. 순정 공 일행이 그곳에서 잠시 쉬고 있는데, 바다의 용이 나타나 갑자기 수로 부인을 끌고 바다 속으로 들어가 버렸다.

　깜짝 놀란 순정 공은 비틀거리며 땅바닥에 주저앉았다. 용의 조화이니, 사람으로서는 어찌해볼 도리가 없었다.

　그때 또 한 노인이 나타나 말했다.

　"옛사람의 말에 뭇사람의 입에 오르내리면 쇠 같은 물건도 녹인다 했습니다. 바다 속의 짐승이 어찌 뭇사람의 입을 두려워하지 않겠습니까? 당연히 경내[1]의 백성을 모아야 합니다. 노래를 지어 부르고 막대기로 언덕을 치면 부인을 찾을 수 있을 것입니다."

　순정 공은 노인의 말대로 백성을 불러 막대기로 언덕을 치며 노래를 부르게 했다.

　그러자 정말 용이 부인을 받들고 바다에서 나와 순정 공에게 바쳤다. 그는 부인에게 바다 속에서 있었던 일을 물었다.

　"일곱 가지 보물로 장식한 궁전이 있는데, 그곳의 음식은 달고 향

---

1 경내(境內) : 일정한 지역의 안. 여기서는 순정 공이 강릉 태수로 임명되었으므로, 강릉을 이르는 말이다.

기로운 것이 도무지 인간의 음식이 아니더이다."

그렇게 말하는 수로 부인의 옷에서는 이상한 향기가 풍겼는데, 세간에서는 맡아보지 못한 것이었다.

수로 부인의 용모가 세상에 견줄 이 없을 만큼 아름다웠으므로, 매번 깊은 산이나 못을 지날 때면 번번이 신물[1]들에게 붙들리곤 했던 것이다.

여러 사람이 '해가'를 불렀는데, 가사는 이러하다.

'해신아, 해신아, 수로를 내놓아라
남의 부녀를 앗아간 죄 그 얼마나 클까
네 만약 거슬러 내놓지 않으면
그물로 너를 잡아 구워먹겠다'

---

1 신물(神物) : 신령스럽고 기묘한 물건이나 존재.

## ♣ 함께 생각하기

고대인들은 초자연적인 힘이나 신비적인 마력을 믿었습니다. 그러한 힘을 빌려 길흉화복[1]을 점치기도 했는데, 그것을 '주술'이라고 합니다.

신라 시대 때 용에게 잡혀간 수로 부인을 구하기 위해 불렀다는 '해가'는 일종의 '주술'이라 할 수 있습니다. 이 노래는 원래 그 이전 가락국의 개국설화에 나오는 '거북아 거북아 / 머리를 내밀어라 / 내밀지 않으면 / 구워서먹을래.'란 '구지가'를 약간 바꾸어 부른 것입니다.

김수로왕 신화에 나오는 '구지가'를 비롯하여, 수로 부인 이야기에 등장하는 '헌화가', '해가' 등 『삼국유사』의 가사에 담겨져 전해 내려오는 이러한 노래가사들은, '향가'라고 하여 문학적 가치를 지닌 소중한 우리의 귀중한 자산이라고 할 수 있습니다.

---

1 길흉화복(吉凶禍福) : 말 그대로 '길함과 흉함, 불길함과 복스러움'을 뜻한다. 인간 세상에 존재하는 좋은 일과 나쁜 일, 재앙과 복을 모두 모아 이르는 표현이다.

# 4 신무왕과 염장과 궁파

## 염장에게 궁파를 죽이라고 명하다

신라 제45대 신무왕이 아직 왕위에 오르기 전의 일이었다. 그의 이름은 김우징이었는데, 무술에 뛰어난 협사[1] 궁파[2]에게 다음과 같이 말했다.

"나에게는 같은 하늘 밑에서 살 수 없는 원수가 있소. 그대가 나를 위해 그를 제거해주면, 내가 왕위에 오른 후에 그대의 딸을 맞이하여 왕비로 삼겠소."

궁파는 이에 쾌히 승낙했다. 그는 곧 몸과 마음을 다해 군사를 일으켜 김우징이 부탁한 원수를 갚아주었다.

그 이후 김우징은 왕위를 찬탈하여 신무왕이 되었고, 전에 약속한 대로 궁파의 딸을 왕비로 삼으려고 했다. 그러자 신하들이 반대를 하고 나섰다.

"궁파는 출신이 비천하니, 대왕께서 그의 딸을 왕비로 삼아서는 안 됩니다."

신무왕은 신하들의 말을 따를 수밖에 없었다.

그러나 신무왕은 왕위에 오른 지 불과 3개월 만에 죽고, 그의 아들 문성왕이 대를 이었다.

---

1 협사(俠士) : 성격이 호방하고 의협심이 강한 사람.
2 궁파 : 『삼국사기』에는 궁복이라 하며, 중국과 일본에는 장보고로 기록되어 있다.

이때 궁파는 아버지가 약속을 지키지 못했으므로 아들 문성왕에게 자신의 딸을 시집보내 왕비로 삼으려고 했다.

문성왕 역시 신하들의 반대에 부딪혔다. 당시 궁파는 청해진에서 바다를 지키고 있었는데, 왕이 아버지 때의 약속을 어긴 것에 대해 분함을 참지 못해 비밀리에 반란을 꾀하고자 했다.

때마침 궁파의 휘하[1] 부장으로 있는 염장[2]이 그 비밀을 알고 문성왕에게 달려가 아뢰었다.

"궁파가 장차 불충[3]을 저지르려고 하니, 소신이 그를 제거하겠습니다."

그러자 문성왕이 기꺼이 염장의 말을 들어주었다.

염장은 왕명을 받들고 청해진으로 가서 먼저 궁파의 부하들에게 다음과 같이 전하게 했다.

"저는 개인적으로 왕에게 작은 원망을 갖고 있어, 이제 현명한 공께 몸을 의탁해 목숨을 보존하고자 합니다. 부디 저를 받아주시기 바라니다."

그러자 궁파는 크게 노했다. 자신을 배반하고 곁을 떠날 때는 언제고, 이제 와서 아쉬운 소리를 하는 염장의 소행이 괘씸스러웠던 것이다.

"너희 무리가 왕에게 간하여 내 딸을 왕비로 삼지 못하게 했는데, 어찌하여 나를 만나려 하는가?"

염장이 다시 부하를 통해 자신의 말을 궁파에게 전달게 했다.

---

1 휘하(麾下) : 장군의 지휘 아래, 또는 그 지휘 아래 딸린 군사.
2 염장 : 염문이라는 기록도 있다.
3 불충(不忠) : 윗사람에게 충성하지 않고, 그를 저해하려는 나쁜 마음을 먹음.

"이는 백관들의 간언이었지, 저는 그 모의에 관여하지 않았습니다. 현명한 공께서는 의심하지 마시기 바랍니다."

궁파는 그 말을 듣고 염장을 용서하고, 곧 그를 불러들여 물었다.

"얼마 전에는 말도 않고 나를 떠나더니, 이제 그대는 무슨 일로 이곳에 다시 온 것인가?"

염장이 대답했다.

"왕의 뜻을 거스른 일이 있어 저를 위해하려[1] 하므로, 공의 막하에 기대어 목숨을 보전코자 합니다."

궁파가 말했다.

"다행한 일이다. 나를 잊지 않고 이렇게 찾아주다니, 고맙구나."

그날 두 사람은 술자리를 마련하고 서로 마주보며 매우 기뻐했다. 궁파는 옛날 염장이 부장으로 있을 때 친하게 지냈던 시절을 떠올리고 아무런 의심도 하지 않았던 것이다.

그런데 염장은 궁파가 술에 취해 정신이 없어질 때까지 기다렸다. 과연 궁파는 정신을 잃고 술자리에 그대로 쓰러졌다. 이때를 틈타 염장은 궁파의 허리에 달려 있던 칼을 뽑아 단번에 찔러 죽였다. 그러자 궁파 휘하의 군사들은 염장을 보고 두려워하면서 모두 땅에 엎드려 굴복했다.

염장은 굴복한 군사들을 이끌고 도성으로 돌아와 문성왕에게 보고했다.

"궁파를 죽였습니다."

신무왕은 기뻐하며 염장에게 상을 주고, 아간의 벼슬까지 내렸다.

---

1 위해(危害)하다 : 사람의 생명을 위협하다.

## ♣ 함께 생각하기

장보고는 청해진을 설치하여 서해의 해상권을 장악하고 당나라·일본·신라의 무역을 주도했던 인물입니다. 그의 어린 시절 원래 이름은『삼국유사』에는 '궁파',『삼국사기』에는 '궁복' 두 가지로 나옵니다. 집안이 가난한 빈천한 가정 출신이라는 것만 알려져 있습니다. 그는 어린 시절부터 무술을 연마하여 출세[1]하고자 하는 욕망이 컸으며, 당나라로 건너가서는 무령군 소장이 되었습니다. 그러고 나서 나중에 신라로 돌아와서는 완도에 청해진을 설치하여 '해상왕'으로 크게 명성을 떨쳤습니다.

장보고는 문성왕이 즉위했을 때 진해 장군에 임명되었으며, 당시 서남부 해상권을 장악하고 있었습니다. 그는 이때 서해에 출몰하는 해적들을 소탕해 무역의 길을 열었습니다. 사신단과 유학생, 승려들도 해상을 통해 당나라에 안전하게 오갈 수 있게 함으로써 문명 교류의 선봉자로 추앙을 받았습니다.

그러나 장보고의 최후는 너무 비참했습니다. 실제로 그는『삼국유사』의 내용처럼 딸을 신무왕과 문성왕의 왕비로 삼으려고 욕심을 부리다 휘하 부장인 염장에게 죽임을 당했습니다.

---

1 출세(出世) : 사회적으로 높은 지위에 오르거나 유명하게 됨.

# 5 경문왕

"임금님 귀는 당나귀다!"

신라 제48대 경문왕은 원래 왕실 혈통이 아니었다. 그의 이름은
'응렴'이었으며, 18세 때 화랑의 국선이 되었다.

응렴은 20세 때 헌안왕의 연회 자리에 불려갔다.

헌안왕이 물었다.

"그대는 국선이 되어 사방을 두루 돌며 어떤 일들을 보았는가?"

"예, 저는 행실이 아름다운 세 사람을 보았습니다."

응렴이 절을 하고 대답했다.

"어디 그 얘기 좀 들어보자꾸나."

"남의 윗자리에 있을 만한 사람이면서도 행동거지[1]를 두루 겸손
히 하여 남의 아랫자리에 앉은 사람이 있었는데, 그 사람이 첫째로
아름다운 사람입니다. 그리고 대단한 부자이면서 검소한[2] 옷차림을
하고 다니는 사람이 그 두 번째입니다. 또한 세 번째로는 존귀하고
세력이 있으면서도 위세[3]를 부리지 않는 아름다운 사람이 있었습니
다. 저는 이 세 사람에게서 많은 것을 배웠습니다."

이 말을 듣고 헌안왕은 감동한 나머지 눈물을 흘리며 응렴에게

---

1 행동거지(行動擧止) : 몸으로 움직이는 모든 것.
2 검소(儉素)하다 : 사치스럽지 않고 꾸밈없이 수수하다.
3 위세(威勢) : 위엄을 보이거나 힘을 자랑하는 것.

말했다.

"내게 두 딸이 있는데, 그 중의 누구든 택하여 그대가 아내로 맞아주었으면 좋겠다."

"황송하옵니다. 그러나 저의 결혼 문제는 먼저 부모님과 상의를 해봐야 합니다."

응렴의 말에 헌안왕은 쾌히 승낙했다.

집에 돌아온 응렴이 부모에게 헌안왕의 이야기를 전했다. 가족들은 매우 기뻐하며 깊이 의논을 한 끝에, 용모가 변변치 못한[1] 맏공주보다는 아름답기로 소문이 난 둘째 공주가 좋겠다는 결론을 내렸다.

그런데 그 소식을 듣고 응렴이 이끄는 화랑들 중의 우두머리인 범교사가 집까지 찾아와 말했다.

"대왕께서 공주를 아내로 삼으라고 하셨다는데, 그것이 사실입니까?"

응렴은 그렇다고 대답했다.

범교사가 다시 물었다.

"그러면 공께서는 두 분 공주 중 어느 분을 아내로 맞이하시렵니까?"

"부모님께서는 둘째 공주가 좋다고 하십니다."

응렴의 말이 끝나기가 무섭게 범교사가 결연한 태도로 말했다.

"만일 둘째 공주와 결혼하신다면 저는 공이 보는 앞에서 죽고 말것입니다. 부디 공께서는 맏공주와 결혼하십시오. 그러면 반드시 세 가지 좋은 일이 생길 것이니, 신중하게 결정하시기 바랍니다."

---

1 변변치 못한: 됨됨이나 생김새 따위가 제대로 갖추어지지 않은.

이렇게 다짐을 받듯 말하는 범교사의 말을 거절할 수가 없어, 응렴은 그렇게 하겠다고 대답했다.

그러고 나서 얼마 후 헌안왕은 응렴에게 신하를 보내 다음과 같이 의향을 물었다.

"두 공주 중 누구를 취할 것인가는 오직 그대의 선택에 달렸노라."

응렴은 범교사의 말을 따르기로 하고 그대로 신하에게 대답해주었다.

신하가 돌아와 응렴의 말을 헌안왕에게 전했다.

"맏공주님을 아내로 맞으시겠답니다."

헌안왕은 응렴이 정말 훌륭한 젊은이라고 생각하여 맏딸과 결혼을 시켰다.

그러고 나서 석 달 후 헌안왕은 병이 들었고, 날이 갈수록 점점 악화되었다.

어느 날 헌안왕은 신하들을 불러 유언했다.

"내게는 대를 이을 아들이 없다. 내가 죽은 뒤에는 맏딸의 남편 응렴에게 왕위를 잇게 하라."

마침내 헌안왕이 세상을 떠나자 유언대로 응렴이 왕위에 올랐다. 그가 바로 경문왕이다.

경문왕이 즉위한 뒤 범교사가 찾아와 말했다.

"이제 제가 전에 말한 세 가지 좋은 일이 다 이루어졌습니다. 첫째로 맏공주를 맞으셔서 왕위에 오르셨고, 둘째로 이제는 아름다운 둘째 공주도 쉽사리 얻을 수 있게 되었습니다. 그리고 맏공주를 아내로 맞으셨기 때문에 돌아가신 임금님께서 매우 기뻐하셨으니, 그것이 세 번째 좋은 일입니다."

경문왕은 범교사에게 '대덕'이라는 벼슬을 내리고, 황금 130냥을 포상해 고마움을 표했다.

한편 경문왕은 특히 당나귀 귀처럼 생긴 큰 귀를 갖고 있었다. 왕은 다른 사람에게 소문나는 것을 두려워해 머리에 쓰는 관을 만드는 복두장이에게 그 비밀을 세상에 알리지 말도록 단단히 일렀다.

복두장이 영감은 비밀을 지켜야 하는데 도무지 입이 간지러워 배길 수가 없었다. 그는 견디다 못해 도림사 옆이 대나무 숲에 가서 혼자 소리쳤다.

"임금님 귀는 당나귀 귀다! 임금님 귀는 당나귀 귀다!"

그 후 바람결에 대나무 숲에서는 바람만 불면 '임금님 귀는 당나귀 귀다!'하는 소리가 들려왔다. 그 소문이 드디어 궁궐까지 들어가게 되었다.

화가 난 경문왕은 당장에 그 대나무들을 모두 베어버리고 거기에다 산수유나무를 심게 했다. 그런데도 바람만 불면 산수유나무 숲 속에서 이런 소리가 들려왔다.

"우리 임금님 귀는 길다!"

## ♣ 함께 생각하기

삼국 시대 관리들은 옷의 색깔과 머리에 쓰는 관모로 계급을 구분하였습니다. 신라의 경우 법흥왕 때 관복의 색깔을 정했는데, 관등에 따라 자주색·비취색·청색·황토색 등 네 가지로 나누었습니다. 백제의 경우에는 자주색·비취색·청색 등 세 가지로 관등을 구분했으며, 고구려의 경우도 비슷한 형태를 취했습니다.

관모는 원시 시대부터 추위를 피하거나 햇빛을 가리기 위해 쓰던 것이 발전된 것인데, 삼국 시대에는 삼각형의 고깔 모양을 한 모자를 즐겨 썼습니다. 고구려에서는 여기에 새의 깃털을 꽂아 '조우관'이라 불리는 것이 있었고, 신라의 경우 자작나무 껍질로 만들었다 하여 '백화수피변형모'라는 관모를 사용했습니다. 그리고 백제에서는 고위 관리들의 관에 은화를 장식하기도 했습니다.

# 6 처용랑과 망해사

## 노래와 춤으로 역신을 쫓아내다

신라 제49대 헌강왕 때의 일이었다. 당시 신라에는 서라벌을 비롯하여 시골에 이르기까지 기와를 얹은 주택이 즐비했다[1]. 거리엔 항상 음악 소리가 흘러넘쳤으며, 사계절 두루 기후가 좋아 일하고 먹고 노는 태평성대[2]가 계속되었다.

어느 날 헌강왕은 신하들과 더불어 개운포 바닷가로 놀이를 나갔다. 놀이를 마치고 서라벌로 돌아오는 길에 잠시 물가에서 쉬고 있는데, 갑자기 바다에 구름과 안개가 자욱하게 끼면서 사방을 분간할 수 없게 되었다.

헌강왕은 날씨를 점치는 신하에게 물었다. 하늘을 살펴본 후 그 신하가 말했다.

"이것은 동해의 용이 조화[3]를 부리는 것이옵니다. 대왕께서 뭔가 좋은 일을 베풀어주셔야 날씨가 다시 좋아질 것 같습니다."

헌강왕은 동해의 용을 위해 신하를 시켜 근처에 절을 지으라고 명했다. 그러자 곧 구름이 걷히고 안개가 사라졌다. 이러한 인연으

---

1 즐비하다 : 빗살처럼 줄지어 빽빽하게 늘어서 있다.
2 태평성대(太平聖代) : 어질고 착한 임금이 다스리는 평화롭고 성스러운 세상.
3 조화(造化) : 어떻게 이루어진 것인지 알 수 없을 정도로 신통하게 된 일. 또는 일을 꾸미는 재간.

로 이때부터 그곳을 '개운포'라고 부르게 되었다.

한편 동해의 용은 자기를 위해 절을 지어준다고 하자 마음이 유쾌해졌다. 그래서 용은 일곱 아들을 데리고 헌강왕 앞에 나타났다. 그들은 노래하고 춤을 추며 임금의 덕을 찬양했다.

이때 동해의 용은 일곱 아들 중 한 아들을 헌강왕 일행과 함께 가서 임금을 보좌케 했는데, 그가 바로 처용이었다.

헌강왕은 처용을 곁에 두고 아꼈다. 고향을 그리워하는 처용을 오래도록 붙잡아두기 위해 아름다운 여자까지 선택하여 결혼을 시켰다. 그리고 급간이라는 벼슬까지 내려주었다.

처용의 아내는 무척이나 아름다웠다. 역신[1]까지도 그 미모에 반할 정도였다. 그래서 역신은 사람으로 변하여 밤중에 처용의 집으로 몰래 숨어들어갔다.

그때 마침 처용은 없었다. 사람으로 변한 역신은 처용의 아내와 함께 잠자리에 들었다.

처용이 외출했다가 밤늦게 집에 돌아와 보니, 아내 곁에 다른 남자가 누워 있었다. 이것을 본 처용은 노래를 지어 부르며 덩실덩실 춤을 추었다.

그때 처용이 지어 부른 노래[2]를 이러한 것이었다.


'동경 달 밝은 밤에 밤 깊도록 노닐다가
 들어와 잠자리를 보니 가랑이가 넷이로다


---

1 역신 : 마마를 맡았다는 신으로, 역병 따위의 재앙을 끼치는 귀신이다.
2 처용이 지어 부른 노래 : 지금은 「처용가」라고 불린다.

둘은 내 것이지만 둘은 누구의 것인가
본래 내 것이었지만 달아나는 걸 어찌할꼬'

처용이 이처럼 노래를 부르며 덩실덩실 춤을 추다 밖으로 나오자, 깜짝 놀란 역신이 방에서 뛰어나와 무릎을 꿇었다. 처용에게 호되게 야단맞을 줄 알았는데, 너그럽게 봐주자 역신이 감동하여 자신의 잘못을 크게 뉘우친 것이었다.

"제가 공의 아내를 사랑하여 오늘 밤 사람의 모습을 하고 와서 잠자리를 같이했습니다. 그런데도 공은 화를 내지 않으시니 참으로 감탄할 따름입니다. 맹세합니다만, 이제부터 저는 공의 얼굴을 그린 그림만 보아도 그 집에는 절대 들어가지 않겠습니다."

역신은 이렇게 말한 후 처용 앞에서 홀연히 자취를 감추었다.

이때부터 사람들은 집집마다 대문간에 처용의 얼굴을 그려 붙여 사악한 귀신이 들어오지 못하도록 방비하고[1], 한편으로는 경사[2]스러운 복을 맞아들이게 했다.

개운포가 보이는 산 위에는 '망해사'라는 절이 있었는데, 이 절은 헌강왕이 동해 용왕을 위해 지은 절로 '신방사'라고 부르기도 했다.

---

1 방비(防備)하다 : 적의 침입이나 피해를 막기 위하여 미리 지키고 대비하다.
2 경사(慶事) : 축하할 만한 기쁜 일.

## ♣ 함께 생각하기

불교나 도교를 믿는 집에서 재앙을 방지하고 못된 귀신을 쫓기 위해 쓰는 종이를 '부적' 또는 '부작'이라고 합니다. 이것은 원시적 자연 신앙의 한 형식으로, 오랜 옛날부터 내려오던 풍습이었습니다. 종이로 된 부적뿐만 아니라 동물의 뼈·뿔·이빨 등, 혹은 돌·흙·식물·인형 등을 부적으로 사용해 목걸이나 귀고리를 만들어 몸에 지니기도 했습니다.

삼국 시대에도 불교의 영향을 받아 부적을 사용하는 풍습이 발달했습니다. 특히 신라 후기에는 '처용설화'까지 등장할 정도로 부적의 풍습이 일반화되어 있었습니다.

처용의 탈을 보면 코가 툭 튀어나오고, 눈이 쑥 들어간 것이 우리나라 사람과는 뭔가 좀 다른 이색적인 형상을 하고 있습니다. 신라 시대 때도 먼 나라와 교역이 자주 이루어졌는데, 고대문명교류에 대한 연구를 하는 학자들 사이에선 처용이 서역 사람일 것이라고 주장하고 있기도 합니다. 고구려 씨름 벽화에도 코가 크고 눈이 쑥 들어간 사람이 씨름하는 장면이 그려져 있습니다. 또한 경주의 괘릉(원성왕릉으로 추정) 앞의 무인석상도 서역인 형상입니다. 이는 신라 시대에 이미 서역 사람들이 많이 오갔으며, 왕실에서 임금의 호위를 맡을 정도로 두터운 신임을 얻고 있었음을 알게 해줍니다.

어떤 학자들은 처용을 동해 바닷가 호족의 아들이라고 주장하기도 합니다. 신라 시대에는 부와 권세를 쥔 호족들의 세력이 강해 임금조차 함부로 다루지 못했습니다. 헌강왕이 동해 바닷가 호족을 방문했다가 그의 아들 처용을 볼모로 서라벌에 데려와 벼슬까지 준 것일지도 모른다는 것입니다.

만약 그 호족이 해상으로 무역을 하는 서역 출신의 대상이었다면, 처용이 서역 사람이며 호족의 아들이란 두 가지 설이 다 맞아떨어질 수도 있다는 생각을 해봅니다.

　당시 해상무역을 통해 먼 나라와 교역을 했다면 거대한 부를 축적한 대상으로 지방 호족 행세를 할 수 있었을 것입니다. 지방에서 부와 권력을 함께 갖고 있었으므로, 도성에 있는 임금도 함부로 하지 못해 관대하게 대하는 경우가 많았습니다. 고려를 세운 왕건의 경우 지방 호족들을 다스리기 위해 그 딸들을 후비로 삼는 '정략결혼'을 했습니다. 그 정도로 지방 호족들의 권세가 무시하지 못할 정도였다는 것을 미루어 짐작할 수 있습니다.

# 7 거타지

중으로 둔갑한 여우를 활로 쏘아죽인 거타지

신라 제51대 진성 여왕 때 아찬 벼슬을 지낸 양패 공은 임금의 막내아들이었다. 그가 당나라에 사신으로 떠날 때 백제의 해적들이 진도 인근에서 뱃길을 가로막고 있다는 이야기를 전해 들었다. 그래서 궁수 50명을 뽑아 배에 태웠다.

양패 공 일행이 탄 배가 곡도에 이르렀을 때였다. 갑자기 풍랑[1]이 거세게 일어나 다시 배를 타고 떠날 수 없게 되었다.

그래서 열흘 이상 곡도에 머물다 못해, 마침내 양패 공은 점쟁이를 불러 물었다.

"열흘 동안이나 풍랑이 그치지 않으니 괴이한 일이로다. 언제 바다가 잠잠해질 것인지 점을 쳐 보거라."

점쟁이가 점을 쳐보고 말했다.

"이 곡도에 신령스러운[2] 연못이 있습니다. 거기에 제사를 드리는 것이 좋겠습니다."

양패 공은 곧 음식을 차려 연못에 제사를 올렸다. 그랬더니 연못의 물이 갑자기 한 길이나 용솟음쳐 올랐다.

그날 밤 양패 공의 꿈에 한 노인이 나타나 말했다.

---

1 풍랑(風浪) : 해상에서 바람에 의해 일어나는 거센 파도.
2 신령(神靈)스러운 : 보기에 신기하고 영묘한 데가 있어 사람의 일이라 하기 어려운.

"활 잘 쏘는 군사 한 사람을 이 섬에 남겨두고 가면 풍랑이 잦아질 것이오."

잠에서 깨어난 양패 공은 부하들을 불러 꿈 이야기를 전하고 물었다.

"과연 누구를 이 섬에 남겨두면 좋겠소?"

누구도 섬에 남기를 꺼려한 부하들은 저희들끼리 다음과 같이 제비뽑기를 하기로 결정했다.

"각자 나무 조각에 자기 이름을 새겨 연못에 넣어보고, 나무 조각이 물속에 가라앉는 사람이 남기로 합시다."

양패 공도 그렇게 하는 것이 좋겠다고 찬성했다. 곧 궁수 50명은 각자 자기 이름을 나무 조각에 새겨 연못에 넣었다. 그런데 그 중 '거타지'란 사람의 이름이 새겨진 나무 조각만 물에 잠겼다.

결국 양패 공은 거타지를 곡도에 남겨두고 바다에 배를 띄웠다. 그러자 거짓말처럼 풍랑이 멎고 순풍[1]이 불어와 무사히 출항[2]할 수 있었다.

한편 섬에 홀로 남겨진 거타지는 시름에 잠긴 채 멍하니 서 있었다. 그때 홀연히 한 노인이 연못에서 나와 말했다.

"나는 서해의 해신이다. 매일 한 중이 해 돋을 녘이면 하늘에서 내려와 주문을 외면서 이 못을 세 바퀴씩 돈다. 그러면 우리 부부랑 자손들이 모두 물 위에 뜨게 된다. 그 중은 이렇게 물 위에 떠오른 우리 자손들의 간을 빼먹어왔다. 이제 내 자손들의 간은 그 중에게 다 빼어 먹히고, 오직 우리 부부와 딸만 하나 남았다. 내일

---

1 순풍(順風) : 배를 띄우기에 알맞을 정도 순하게 부는 바람.
2 출항(出港) : 배가 항구를 떠나감.

아침에도 그 중이 반드시 올 것이다. 그대에게 부탁하노니, 그 중을 활로 쏘아 죽여 다오."

거타지는 대답했다.

"활 쏘는 일이라면 자신이 있습니다. 제게 맡겨주십시오."

노인은 거타지에게 고맙다는 말을 남기고 다시 연못 속으로 사라졌다.

그날 밤 거타지는 연못 근처에 숨어서 날이 밝기를 기다렸다. 이튿날 해가 돋을 무렵, 과연 노인의 말처럼 중이 나타나 괴상한 주문을 외기 시작했다.

그러자 연못 속에서 노인 부부와 딸이 떠올랐다. 중이 막 노인의 간을 빼어먹으려고 할 때, 숨어있던 거타지가 활을 쏘았다. 화살은 명중되었고, 중은 늙은 여우로 변해 땅에 쓰러져 죽었다.

노인이 연못에서 나와 거타지에게 말했다.

"그대의 은덕을 입어 나는 생명을 보전할 수 있게 되었다. 내 딸을 그대에게 줄 터이니 데려가 같이 살도록 하라."

거타지는 말했다.

"어찌 주시는 것을 제가 마다할 수 있겠습니까?"

거타지는 기꺼이 승낙했다. 노인은 그의 딸을 한 송이 꽃으로 변하게 하여 거타지의 품속에 넣어주었다.

그리고 나서 노인은 두 마리의 용에게 명하여 거타지를 태워 앞서간 양패 공 일행의 배를 따라잡게 했다. 이렇게 하여 거타지는 곧 그 배에 다시 오를 수 있었다.

이때 두 마리의 용은 양패 공과 거타지 일행을 태운 배를 호송하여 무사히 당나라 포구에 당도할 수 있도록 해주었다.

당나라 사람들은 신라의 사신을 태운 배가 두 마리 용의 호위를 받으며 오는 것을 보고, 그 일을 황제에게 보고했다.

당나라 황제가 말했다.

"두 마리 용이 호위를 하다니, 놀라운 일이로다. 신라의 사자는 틀림없이 비상한 사람일 것이다. 크게 연회를 베풀도록 하고, 금과 비단을 후하게 내려라."

고국에 돌아오자, 거타지는 품속에서 꽃가지를 꺼내어 여자로 변하게 했다. 그리고 그 여자와 더불어 오래도록 행복하게 살았다.

## ♣ 함께 생각하기

용은 상상의 동물입니다. 우리나라를 비롯한 동북아시아에서는 몸에 비늘이 있고, 네 개의 날카로운 발톱이 달린 형상으로 용을 묘사하고 있습니다. 흔히 용은 왕이나 황제의 권위[1]를 상징하는 동물로 묘사되곤 하는데, 용의 발톱이 몇 개인가에 따라 권위의 높고 낮음을 대별하기도[2] 합니다. 보통 용은 발톱이 네 개입니다. 그러나 왕의 경우 발톱이 다섯 개인 '오조룡'으로 표현하고, 황제의 경우는 발톱이 일곱 개인 '칠조룡'으로 구분하여 권위의 상징으로 삼았습니다.

용은 몸통이 뱀을 닮은 형상인데, 강이나 바다를 끼고 있는 지역에는 흔히 용에 관한 전설이 많이 남아 있습니다. 『삼국유사』의 거타지 이야기도 신라 사신단이 당나라로 배를 타고 갈 때 용이 호위를 해주었다는 내용입니다. 바다는 언제 폭풍이 몰아칠지 모릅니다. 따라서 풍랑을 만나 배가 좌초될 지경에 이르면, 옛날 사람들은 그 해결 방법으로 바다의 용신에게 제사를 지내 구원을 요청하곤 했습니다.

---

1 권위(權威) : 남을 통솔하거나 지휘하여 따르게 하는 힘.
2 대별(大別)하다 : 크게 구별하여 나누다.

# 8 김부 대왕

## 나라를 통째로 왕건에게 바치다

신라 제55대 임금 경애왕 때의 일이었다. 이때는 이미 후백제의 견훤과 옛날 고구려의 세력을 규합한 왕건이 막강한 실력을 과시하며 신라를 위협하던 시절이었다.

경애왕 즉위 4년 9월에 후백제의 견훤이 신라를 침범하여 고울부[1]까지 점령했다. 신라에서는 급히 왕건에게 구원을 요청했으나, 원군이 도착하기도 전에 견훤이 서라벌을 차지했다.

그런데 이때 경애왕은 포석정에서 왕비며 궁녀, 왕실의 인척, 고관대작[2] 등을 데리고 한창 잔치를 벌이고 있었다. 별안간 견훤의 습격을 받은 연회장은 곧 아수라장[3]이 되고 말았다. 왕과 왕비는 후궁으로 달아나 숨고, 왕실의 인척과 고관대작들은 정신없이 사방으로 도망쳐 흩어졌다. 그러다 적에게 잡히면 신분에 관계없이 모두들 땅바닥을 기면서 '노예가 되어도 좋으니 제발 목숨만 살려 달라'고 애걸했다[4].

---

1 고울부(高鬱府) : 지금의 경상북도 영천군이다.
2 고관대작(告官大爵) : 지위가 높고 훌륭한 벼슬.
3 아수라장(阿修羅場) : 싸움이나 그 밖의 다른 일로 큰 혼란에 빠진 곳. 또는 그런 상태
4 애걸(哀乞)하다 : 소원을 들어달라고 애처롭게 빌다.

신라 궁궐을 차지한 견훤은 부하들에게 명령하여 어디론가 숨어버린 경애왕을 즉시 붙들어 대령하라고 호령했다. 경애왕은 왕비를 비롯하여 두어 명의 궁녀들과 함께 후궁에 숨어 있다가 붙잡혔다.

견훤은 경애왕을 겁박하여 자결을 명했다. 왕비와 궁녀들도 견훤의 군사들에게 모진 악행을 당했다.

그러고 나서 견훤은 경애왕의 동생 김부를 신라의 새로운 왕으로 추대했다. 이름을 따서 '김부 대왕'이라고도 하는데, 그가 바로 신라 제56대 임금인 경순왕이었다.

경순왕은 비참하게 죽은 형 경애왕의 장례를 지낼 때 신하들과 더불어 통곡했다. 이때 고려 태조 왕건은 경순왕에게 조문사절[1]을 보내 위로했다.

그 다음 해인 928년 3월에 왕건은 시종 50여 명을 거느리고 서라벌 근교로 행차를 했다. 신라의 경순왕은 신하들과 함께 친히 왕건 일행을 맞았다.

경순왕과 왕건은 서로 예의를 다하여 극진히 대했다. 이때 경순왕은 왕건을 위하여 안압지 옆의 임해전에서 큰 잔치를 벌였다. 술잔이 돌면서 취기가 오른 경순왕은 울먹이는 목소리로 왕건에게 말했다.

"우리나라는 하늘의 보살핌을 얻지 못하여 환란[2]이 끊이질 않고 있습니다. 이러한 때에 견훤은 갖은 만행[3]을 저질러 우리나라를 망쳐놓았으니, 이 한을 다 어찌 갚겠습니까?"

그러자 옆에 있던 신라의 신하들도 모두 흐느껴 울었다. 왕건도

---

1 조문사절(弔問使節) : 한 나라에서 국가적인 장례식을 치르는 나라에 위로를 전하기 위해 보내는 사신단.
2 환란(患亂) : 근심과 재앙.
3 만행(蠻行) : 야만스러운 행위.

눈물을 감추지 못했다.

이때 왕건은 수십 일간 신라에 머물다 돌아갔다. 그 동안 왕건이나 그 아래 부하들이나 모두 정숙하고 예의바르게 행동하여, 신라의 고관들 사이에 이렇게 칭찬을 하는 사람들이 많았다.

"전에 견훤이 왔을 때는 이리와 범 떼를 만난 것 같더니, 왕건이 왔을 때는 마치 부모를 만난 것 같더라."

뿐만 아니라 왕건은 그 후에도 경순왕에게 사자를 보내어 예물을 바치고, 신라의 여러 신하들에게도 골고루 선물을 나누어주었다. 이런 행동으로 왕건은 신라 사람들의 환심을 샀던[1] 것이다.

경순왕이 즉위한 지 9년째 되던 해 10월 어느 날이었다. 신라의 국토는 이미 적에게 침략당하여 거의가 다른 나라의 소유로 변해버렸고, 이제는 도무지 스스로의 힘으로 나라를 지키기도 힘들 지경에 이르렀다.

한숨을 토해낸 경순왕은 더 이상 안 되겠다고 결심하고 모든 신하들을 불러 모은 후 다음과 같이 말했다.

"나라를 다스린 지 근 10년이 되어가지만 과인의 덕이 없어 국력[2]은 점점 쇠약해지기만 하는구려. 백성들의 고통을 덜기 위해서는 지금이라도 왕건에게 나라를 넘겨주는 것이 좋을 듯한데, 경들의 생각은 어떠하오?"

경순왕의 말에 신하들의 반응은 찬반양론[3]으로 갈렸다. 이때 답답하게 가슴을 짓누르고 있던 태자가 나서서 말했다.

---

1 환심을 사다 : 어떤 사람이 다른 사람의 마음에 들도록 여러 방법으로 힘쓰는 것.
2 국력(國力) : 나라의 힘.
3 찬반양론(贊反兩論) : 찬성과 반대가 팽팽하게 맞서 서로 대립되는 주장.

"모름지기 나라가 흥하고 망하는 것은 하늘의 뜻에 달렸습니다. 이제라도 충신들과 뜻을 같이하여 나라를 살리기 위해 노력한다면 희망이 없는 것도 아닙니다. 그러다가 더 이상 버티기 힘들면 그때 가서 그만둘 수도 있는 일입니다. 어찌 천 년을 이어온 이 나라의 사직[1]을 이처럼 가볍게 남의 손에 넘길 수 있단 말입니까?"

이에 대하여 경순왕이 답변했다.

"태자의 말이 백번 옳다. 그러나 이처럼 위태로운 판국[2]에 나라를 다시 일으킨다는 것은 어려운 일이다. 이미 때가 늦었다. 약해질 대로 약해진 나라의 힘으로 괜히 무모한 싸움을 벌여 죄 없는 백성들만 참혹한 죽음을 당하게 할 수는 없는 일이다. 그것은 차마 못할 짓이로다."

말을 마친 경순왕은 시랑 김봉휴로 하여금 왕건에게 항복한다는 국서를 전달케 했다.

이로써 신라의 천 년 역사는 끝이 났다.

고려 태조 왕건은 항복 문서를 받는 즉시 태상 왕철을 보내 경순왕을 영접[3]토록 했다. 경순왕은 신하들을 데리고 왕건에게 귀순[4]했다.

이때 경순왕의 행차가 얼마나 호화롭고 거창했는지[5] 그 길이가 30여 리를 넘게 뻗쳤으며, 구경꾼들이 길 양 옆을 가득 메웠다.

왕건은 경순왕에게 자신의 맏딸 낙랑 공주를 주어 아내로 삼게

---

1 사직(社稷) : 나라 또는 조정을 이르는 말.
2 판국 : 사건이 벌어져 있는 상태.
3 영접(迎接) : 귀한 손님을 맞아서 대접함.
4 귀순(歸順) : 적이었던 사람이 순순히 용서를 구하며 복종하거나 순종함.
5 거창(巨創)하다 : 일의 규모나 형태가 매우 크고 넓다.

하고, 정승의 벼슬을 내렸다. 또 왕을 모시던 시종이나 사병들을 모두 그대로 부릴 수 있게 해주었으며, 신라를 경주로 고쳐 경순왕의 토지로 주었다.

"지금 왕이 나라를 내게 넘겨주시니 이처럼 감사할 데가 없습니다. 부디 혼인의 연을 맺어 우리 길이길이 인척[1]간으로 지냅시다."

경순왕에게 맏딸을 준 왕건은, 또한 경순왕의 인척을 아내로 맞이하고 싶어 했다.

경순왕은 자기 삼촌인 억렴[2]의 딸을 왕건에게 추천했다. 왕건이 흔쾌히 받아들여 억렴의 딸과 결혼하니, 이 왕비가 스물다섯 왕비 중의 하나인 신성 왕후 김씨였다.

한편 신라의 태자는 부왕인 경순왕이 왕건에게 항복하고 나자, 하직 인사를 올리고 곧바로 개골산[3]으로 들어갔다. 태자는 자신이 궁궐에서 입고 있던 복장을 벗어버리고 삼베옷을 걸쳤으며, 홀로 산속에서 풀을 뜯어먹으며 살아서 '마의 태자'라 부르게 되었다.

---

1 인척 : 혼인에 의하여 맺어진 친척.
2 억렴(億廉) : 경순왕의 아버지 효종각간으로 신흥대왕으로 추봉된 이의 동생이다.
3 개골산(皆骨山) : 겨울의 금강산을 부르는 이름.

## ♣ 함께 생각하기

신라의 경순왕처럼 고려 태조 왕건에게 전쟁 한 번 치르지 않고 통째로 나라를 갖다 바친 예는 역사에 드문 일입니다. 마의 태자가 나라를 다시 일으켜 보자고 하소연했으나 경순왕은 끝내 고려 태조에게 항복하고 말았습니다.

조선 왕조 역시 말기에 싸움 한 번 제대로 하지 않고 일본의 식민지가 되어 버린 적이 있습니다. 친일파 을사오적이 서류 한 장에 도장을 찍어 나라를 바쳤던 것입니다. 이를 역사에서는 '을사늑약' 이라고 표현하고 있습니다.

고려에 신라를 바쳤을 당시 경순왕은 경주의 토지를 물려받고 왕건의 맏딸을 아내로 얻어 호화로운 생활을 했을지 모르지만, 그 아들 마의 태자는 금강산에 들어가 한 맺힌 가슴을 달래며 초근목피1로 일생을 보냈습니다. 신라 백성들도 아무리 고려의 왕건이 정책을 잘 폈다 하더라도 나라 잃은 설움을 견디기 쉽지 않았을 것입니다.

---

1 초근목피(草根木皮) : 풀뿌리와 나무껍질이란 뜻으로, 매우 험한 음식을 가리킴.

# 9 백제 무왕

## 노랫말을 지어 선화 공주와 결혼하다

백제 제30대 무왕의 원래 이름은 '장'이었다. 그는 홀어머니 밑에서 자라났다. 전해오는 말에 의하면 그의 어머니는 '남지'라는 연못가에 집을 짓고 살았는데, 그 연못의 용과 사랑을 나누어 아들을 낳았다고 한다.

이렇게 태어난 장은 어린 시절 '서동' 또는 '맛동'이라 불렸다. 그는 어려서부터 재능이 뛰어나고 이해심이 많았다. 어려운 살림에 항상 마를 캐다 팔아 홀어머니를 봉양하며[1] 살았으므로, 사람들이 '서동'이란 이름을 붙여주었다고 한다.

청년이 되었을 때 서동은 신라 진평왕의 셋째 딸인 선화 공주가 매우 예쁘다는 소문을 들었다. 그는 상상 속에서 선화 공주를 사랑하다가 보고 싶은 마음에 신라 땅으로 숨어들었다.

서동은 머리를 깎고 신라 궁궐이 있는 서라벌로 가서 아이들에게 마를 나누어주었다. 그러자 아이들은 호감을 가지고 그를 따랐다.

이처럼 서동은 서라벌의 아이들과 친해지자 한 편의 동요를 지어 아이들이 따라 부르도록 했다.

---

1 봉양(奉養)하다 : 부모 등 웃어른을 받들어 모시다.

'선화 공주님은 남몰래 짝지어두고

　서동방을 밤에 몰래 안고 간다네.'


　이러한 동요는 곧 서라벌 거리에서 거리로 아이들의 입을 통해 번져나갔다. 그리고 드디어는 궁궐에까지 알려지게 되었다.

　신하들은 동요의 내용을 사실로 믿고 선화 공주의 잘못된 행동을 진평왕에게 고하고, 그 죄를 물어 멀리 귀양을 보내야 한다고 주장했다. 공주를 사랑했지만 진평왕도 신하들의 한결 같은 주장에 마음이 약해졌다.

　결국 선화 공주는 어이없는 누명1을 쓰고 멀리 귀양2을 가게 되었다. 어머니인 왕비는 눈물을 흘리며 귀양 가는 딸에게 황금 한 말을 노자로 주었다.

　선화 공주가 귀양길에 올랐을 때, 서동이 도중에 나타나 말고삐를 잡으며 험한 길을 모시고 가겠다고 나섰다. 사연을 모르는 선화 공주는 어쩐지 그가 믿음직스러워 그 청을 들어주었다.

　이렇게 하여 서동은 사랑하는 선화 공주를 가까이에서 볼 수 있게 되었고, 두 사람은 곧 좋아하는 사이가 되었다. 그러는 가운데 선화 공주는 자신이 사랑하게 된 사람이 동요 가사에 나오는 '서동'임을 알았다. 두 사람은 결혼을 약속했는데, 이때 선화 공주는 어쩌면 그렇게 자신의 운명이 동요 가사처럼 딱 맞아떨어지는지 감탄하지 않을 수 없었다.

　마침내 서동은 선화 공주를 백제로 데리고 왔다. 서동의 집이 가

---

1 누명(陋名) : 사실이 아닌 일로 이름을 더럽히는 억울한 평판.
2 귀양(歸養) : 죄인을 먼 시골이나 섬으로 보내 일정 기간 살게 하는 형벌.

난한 것을 본 선화 공주는 귀양 떠날 때 어머니가 준 황금을 내놓았다. 그런데 번쩍거리는 황금을 보고도 서동은 놀라지 않았다.

서동은 큰소리로 웃으며 선화 공주에게 물었다.

"이게 무슨 물건이오?"

"이건 황금입니다. 이것만 가지고도 평생 동안 편안히 살아갈 수 있을 것입니다."

선화 공주의 대답을 듣고 서동은 시큰둥하게 대답했다.

"나는 어려서부터 마를 캐다 팔았는데, 내가 마를 캐는 곳에 이런 돌덩이가 엄청나게 많이 널려 있었소."

이 말을 듣고 선화 공주는 깜짝 놀라며 말했다.

"이것은 세상에서 아주 귀중한 보물입니다. 당신이 지금 말한 것이 진실이라면, 그 보물을 부모님이 계신 궁궐로 보내드리는 것이 어떨까요? 부모님도 무척 기뻐하실 겁니다."

서동은 곧 그러자고 대답했다.

이렇게 하여 서동은 예전에 마를 캐던 곳을 찾아내어 황금을 많이 모아들였다. 얼마 지나지 않아 황금은 큰 언덕을 이룰 만큼 쌓였다.

그런데 큰 걱정은 그 무거운 황금을 신라 땅까지 어떻게 나를까, 하는 것이었다. 서동과 선화 공주는 용화산[1] '사자사'란 절에 있는 지명 법사를 찾아가 의논했다.

이야기를 다 듣고 난 지명 법사가 말했다.

"내가 신통력을 보여줄 테니 걱정 말고 그 황금을 모두 가져오너라."

---

1 용화산(龍華山) : 지금의 전라북도 익산의 미륵산이다.

선화 공주는 황금을 지명 법사에게 맡기고 진평왕에게 보내는 편지도 함께 써서 주었다.

지명 법사는 곧 신통력을 발휘하여 하룻밤 사이에 황금과 편지를 신라 궁궐 앞마당으로 옮겨놓았다.

아침에 일어난 진평왕은 마당 가득한 황금을 보고 지명 법사의 신통력에 놀랐으며, 선화 공주의 편지를 읽으며 서동의 지혜와 넓은 마음에 감동했다.

이런 일이 있고 나서 서동은 나라 안팎으로 유명해졌으며, 훗날 백제의 왕이 되었다. 그가 바로 '무왕'이었으며, 이렇게 하여 선화 공주는 자연스럽게 백제의 왕비가 되었다.

어느 날 무왕은 왕비와 함께 사자사로 행차했다. 용화산 아래 큰 연못가에 이르렀을 때 미륵부처가 물 위로 나타났다.

왕과 왕비는 수레를 멈추고 미륵부처를 향해 절을 올렸다.

"이곳에 큰 절을 세우는 것이 제 소원입니다."

왕비가 문득 무엇인가를 깨닫고 무왕에게 말했다.

무왕은 왕비의 소원을 받아들이기로 했다. 그러고 나서 지명 법사에게 가서 연못 메우는 일에 대하여 의논했다.

지명 법사는 곧 신통력으로 하룻밤 사이에 산을 무너뜨려 큰 연못 메워 평평한 땅으로 만들어놓았다. 이곳에 세 개의 미륵불상을 모시고, 각각 불상마다 회전·탑·낭무를 세웠다. 그리고 이 절을 '미륵사'라고 했다.

미륵사를 세울 때 진평왕은 신라에서 절을 잘 짓기로 유명한 기술자를 보내주었다고 한다.

## ♣ 함께 생각하기

　미륵사는 삼원 삼탑으로 지어졌습니다. 즉 세 개의 법당인 서원·중원·동원을 짓고, 그 앞에 각기 세 개의 탑을 세웠던 것입니다. 현재 전라북도 익산시에 있는 미륵사지는 2만 5천 평에 달하는데, 당시에는 그 규모가 동양 최대의 사찰이었다고 합니다.

　금당 서원·중원·동원 앞에 각기 세운 탑은 중원에 구층 목탑을, 그 양편에 구층 석탑을 세웠었다고 합니다. 그러나 건축물들은 모두 불에 타서 없어졌고, 석탑도 무너졌습니다. 단지 두개의 석탑 중 한 개만 6층까지 그 형체가 남아 있는 상태였습니다. 최근에 복원할 때 더 이상 올리지 않고 무너진 형태 그대로 6층까지만 살렸다고 합니다.

　미륵사지 석탑 해체 작업을 할 때 미륵사 창건 연대와 창건주가 누구인지 알 수 있는 기록판과 금제 사리 항아리 등 유물 500점이 발굴되었습니다. 이 기록에 의하면 무왕 재위 40년인 서기 639년에 백제 왕후 사택적덕의 딸이 창건했다고 나와 있습니다. 이는 '서동요'에 나오는 신라 진평왕의 셋째 딸 선화 공주가 미륵사를 건립했다는 『삼국유사』 내용과 달라 학계에 논란이 일어났습니다. 아직도 역사적 진실의 실체가 명확하게 규명되고 있지 않은 상태입니다.

# 10 가락국기

## 김수로왕과 인도 공주 허황옥의 결혼 이야기

아직 나라의 이름이 없었던 시절이었다. 당시 6가야에는 임금 없이 아도간·여도간·피도간·오도간·유수간·유천간·신천간·오천간·신귀간 등 구간이 있었다. 이들은 추장으로 당시 6가야의 백성들을 통솔했다. 백성들은 모두 100호, 7만 5천 명이었다. 이들은 산야에 제각기 집단을 이루어 살았으며, 우물을 파서 물을 마시고 밭을 갈아 곡식을 거두어 먹을 정도로 기본적인 생활에만 주력하고[1] 있었다.

42년 3월 어느 봄날, 6가야의 사람들이 물가에 모여 액을 막는 제사를 올리려고 할 때였다. 그때 갑자기 북쪽 구지산 언덕에서 사람의 소리가 들려왔다. 구간들과 수백 명의 사람들이 그리로 달려가 보았다. 기이하게도 그곳에선 사람의 목소리를 나는데 모습이 보이지 않는 것이었다.

형체도 없는 목소리가 이렇게 물었다.

"이곳에 사람들이 있는가 없는가?"

구간들이 얼결에 응답했다.

"우리들이 있습니다."

또 형체도 없는 목소리가 물었다.

---

1 주력하다 : 어떤 일에 온 힘을 기울이다.

"내가 있는 곳이 어디인가?"

"구지봉입니다."

그러자 형체도 없는 목소리가 엄숙한 어조로 다음과 같이 말했다.

"상제님께서 나에게 명하기를 이곳에 임하여 나라를 새롭게 열고 임금님이 되라 하셨다. 그래서 이곳에 내려온 것이니라. 너희들은 내가 시키는 대로 해야 한다. 우선 봉우리 위의 흙을 파내면서 이렇게 노래하도록 하라. '거북아 거북아 머리를 내밀어라. 내밀지 않으면 구워서 먹으리라.' 이렇게 노래를 하며 춤을 추도록 하라. 그러면 곧 너희들은 임금님을 맞는 기쁨을 누리게 될 것이다."

구간들은 구지봉에 모인 수백 명의 백성들과 함께 모두 즐겁게 노래하고 춤을 추었다. 그렇게 '거북아 거북아……' 하는 '구지가' 부르며 춤을 춘 지 얼마 안 되어 하늘에서 보라색 줄이 땅으로 드리워지는 것이었다. 그 줄 끝에는 붉은 보자기에 싸인 금궤가 매달려 있었다.

구간들은 곧 금궤를 열어보았다. 그 속에서는 해처럼 둥근 황금알이 여섯 개 나왔다. 그것을 본 사람들은 모두 놀랍고 두렵고 기쁜 나머지 알을 향해 수없이 절을 했다.

황금알은 다시 보자기에 싸여 아도간의 집으로 옮겨졌다. 그러고 나서 꼭 하루가 지난 이튿날 아침에 금궤를 다시 열어보니 여섯 개의 황금알이 남자 아이들로 변해 있었다. 그 용모들이 모두 총명하고 수려했다. 사람들은 그 사내아이들을 높은 자리에 앉혀놓고 절을 드리며 탄생을 축하했다. 그리고 온갖 정성을 다해 길렀다.

여섯 남자 아이들은 하루가 다르게 무럭무럭 자랐다. 10여 일이 지나자 키가 무려 어른에 해당하는 9척[1]이나 되어 은나라의 탕왕과 같았고, 얼굴은 용을 닮아 한나라의 고조 유방과 같았다. 또한 눈썹은 여덟 가지 색으로 되어 있어 요임금을 닮았으며, 두 눈동자에는 순임금[1]의 슬기로움이 깃들어 있었다.

42년 3월 15일, 여섯 명 중 가장 먼저 나타난 수로가 왕위에 올랐다. 이름을 혹은 '수릉'이라고도 하는데, 그가 바로 김수로왕이었다. 나라를 '대가락' 또는 '가야국'이라 불렀으니, 6가야 중의 하나였다. 나머지 다섯 명도 각각 다섯 가야를 다스리는 임금이 되었다.

가야국은 한반도 맨 끝에 위치한 나라였다. 동쪽에 황산강, 서남쪽에는 바다, 그리고 서북쪽과 동쪽으로는 지리산과 가야산이 병풍을 두른 듯 막아선 지리적 여건을 갖추고 있었다.

김수로왕은 임시 궁궐을 지어 거처로 삼았는데, 너무나 검소하여 지붕에는 처마도 없었다. 왕위에 오른 지 2년째 되는 해에 새 도읍지를 알아보기 위해 신답평이라는 곳으로 갔는데, 그곳에서 사방을 둘러본 후 신하들에게 말했다.

"이곳은 여뀌 잎사귀만큼 좁구나. 하지만 지세[2]가 빼어나서 여기에 터를 닦으면 훗날 아주 훌륭한 도읍지가 될 것이다."

김수로왕은 그곳에 새로 도읍을 정하고, 그날부터 성을 쌓고 궁궐과 관청과 창고를 지었다. 그해 10월부터 공사를 시작하여 즉위 3년인 44년 2월에 이르러 공사를 마무리함으로써, 백성들이 농사를 짓는데 곤란을 겪지 않도록 했다.

길일을 택하여 새로 지은 궁궐에 입성한 김수로왕은 나라를 다스리는 데 온힘을 다했다.

---

1 척 : 자의 다른 말로, 자와 마찬가지로 1척은 약 30.3cm이다.
1 순임금 : 중국 요순 시대의 임금으로 알려진 전설적인 제왕. 요임금으로부터 천하를 물려받았다.
2 지세(地勢) : 땅의 생긴 모양이나 형세.

그런데 한편 완하국이란 나라에서는 함달왕의 왕비가 임신하여 알을 낳았다. 이 알에서 나온 아들의 이름은 탈해인데, 문득 바다를 건너 김수로왕의 궁궐로 찾아왔다. 탈해는 키가 석 자에 머리통의 둘레가 한 자나 되는 장사였다. 그는 가야국의 궁궐에 들어오자마자 김수로왕에게 말했다.

"나는 왕의 자리를 빼앗으러 왔다."

그러자 김수로왕은 놀라는 기색도 없이 조용히 말했다.

"나는 하늘의 명을 받아 이곳에 내려와 나라를 세웠다. 지금 나는 백성들을 편안하게 하기 위해 나라 일에 온갖 힘을 쏟고 있다. 이런 하늘의 명을 어기고 너에게 왕위를 내놓을 수는 없다. 더구나 너 같은 무뢰한[1] 사람에게 함부로 우리나라 백성을 맡길 수는 없는 일이다."

"그렇다면 좋다. 우리 승부로 정하자."

탈해가 제의했고, 김수로왕도 이에 응했다.

그러자 탈해는 눈 깜짝 할 사이에 한 마리의 매로 변했다. 이때 김수로왕은 독수리가 되었다. 탈해가 몸을 숨기기 좋게 작은 참새로 변하자, 또한 김수로왕은 새매가 되어 위협했다.

이때 신변에 위험을 느낀 탈해는 얼른 본 모습으로 돌아왔다. 잠시 후 김수로왕이 본 모습으로 돌아오자, 탈해는 털썩 무릎을 꿇고 항복했다.

"방금 전에 술법을 겨룰 때 매는 독수리에게, 참새는 새매에게 죽게 되어 있었습니다. 그런데도 대왕께서는 끝내 저를 살려주셨습니다. 이는 죽이기를 싫어하는 성인의 인자하심 덕분으로 생각합니다.

---

1 무뢰한 : 예법을 모르고 함부로 불량한 짓을 일삼는 자.

제가 어리석어 대왕과 임금의 자리를 다투었습니다. 저는 즉시 이 나라를 떠나겠으니 부디 넓은 마음으로 용서해주시기 바랍니다."

탈해는 그 길로 궁궐을 도망쳐 중국 배들이 오가는 나루터로 나갔다. 김수로왕은 혹시 탈해가 마음이 변하여 난리를 일으키지나 않을까 하여 수군 500명을 동원하여 뒤쫓게 했다. 그러나 그때 이미 탈해는 배를 타고 신라 땅으로 가버린 뒤였다.

48년 7월 27일, 구간 등 신하들은 조회[1] 때 김수로왕에게 아뢰었다.

"대왕께서 내려오신 이래로 아직도 좋은 짝을 얻지 못했으니, 신들의 딸들 중에서 제일 훌륭한 처자를 뽑아 궁궐로 들여 배필로 삼으십시오."

이때 김수로왕이 구간들을 둘러보며 말했다.

"나는 하늘의 뜻대로 곧 결혼을 할 것이오. 지금 바다에서 배를 타고 나의 왕비가 될 사람이 오고 있으니, 그대들은 조속히 그 일행을 궁궐로 안내하기 바라오."

그러더니 김수로왕은 유천간을 불러 빠른 배와 날랜 말을 가지고 망산도로 가서 대기하라고 일렀다. 그리고 신귀간에게는 궁궐 아래 승점이란 곳에 가서 유천간의 연락을 기다리라고 명령했다.

유천간 일행은 곧 말을 달려 바닷가에 이르렀고, 부둣가에 말을 세운 후 이번에는 빠른 배를 타고 망산도로 향했다.

망산도에서 바라보니 서남쪽에서 문득 붉은 돛을 단 배 한 척이 붉은 깃발을 휘날리며 북쪽을 향해 미끄러져가고 있었다. 까마득히 먼 거리여서 배는 아주 조그맣게 보였다.

---

1 조회 : 모든 벼슬아치가 함께 정전에 모여 임금에게 문안드리고 정사를 아뢰던 일.

"아니, 벌써 배가 나타났군!"

유천간은 급히 횃불을 올렸다. 이렇게 횃불로 신호를 하면 승점에서 기다리고 있던 신귀간이 보고 곧 김수로왕에게 달려가 보고하게 되어 있었다.

이미 붉은 깃발의 배는 빠르게 바다 위를 미끄러져 망산도에 닿았다. 유천간은 곧 그 배에서 내리는 사람들을 정중하게 맞았다.

그러는 사이에 신귀간의 보고를 받은 김수로왕은 빠른 배를 보내어 귀한 손님들을 궁궐로 맞아들이게 했다. 유천간·신귀간·아도간을 비롯한 구간이 모두 달려와 붉은 깃발을 단 배에서 내리는 일행에게 절을 했다.

"지금 궁궐에서 김수로왕이 기다리고 계십니다. 어서 궁궐로 가시지요. 저희들이 모시겠습니다."

그러자 아름다운 예비 왕비가 말했다.

"아니오. 나와 그대들은 평소에 알아온 사람들이 아닌데, 어찌하여 경솔하게 따라갈 수가 있겠습니까?"

이렇게 사양하자, 간들은 할 수 없이 궁궐로 가서 김수로왕에게 그대로 보고했다.

김수로왕은 그 말이 옳다고 여겼다. 그는 곧 신하들을 거느리고 궁궐 서남쪽에 있는 산기슭에 가서, 장막을 치고 귀한 손님을 맞이하도록 맞이했다.

한편 예비 왕비 일행은 별포 나루터에 타고 온 배를 매어두고 높은 산에 올라가 여행의 피로를 풀며 잠시 쉬었다. 거기에서 예비 왕비는 우선 입고 있던 비단치마를 벗어 산신령에게 예물로 바쳤다.

이때 예비 왕비를 모시고 온 일행은 신보와 조광 등의 신하와 그들의 아내 모정과 모량 등 네 명, 그리고 노비까지 합하여 20여 명이나 되었다. 이들은 화려한 비단이며 의상이며 금은보화를 한 짐씩 짊어지고 있었다.

예비 왕비는 곧 김수로왕이 기다리고 있는 곳으로 이동했다. 그곳에는 결혼식을 위한 준비가 완벽하게 갖추어져 있었다.

김수로왕은 반갑게 아름다운 예비 왕비를 장막 안으로 맞아들였다.

"저는 아유타국[1]에서 온 공주입니다. 성은 '허'씨이고, 이름은 '황옥'이라 하며, 나이는 열여섯입니다. 올해 5월경에 부모님께서는 꿈을 꾸셨는데, 하느님이 나타나 '가야국의 김수로왕은 하늘이 내려보낸 성스러운 사람이다. 그런데 그가 나라를 세우고도 여러 해 동안 왕비가 없이 홀로 지내니, 그대들은 공주를 보내어 그의 아내로 맞게 하여라.'하고 말씀하셨답니다. 부모님은 꿈에서 깨어난 후에도 하느님의 말씀이 귀에 쟁쟁할[2] 정도로 들려와, 저에게 곧 하느님이 정해주신 낭군을 찾아 떠나라고 하셨습니다. 그래서 저는 배를 타고 멀리 가서 신선이 먹는 대추를 구하고, 하늘로 가서 선계의 천도복숭아를 찾아, 지금과 같은 모습으로 용안을 가까이하게 되었사옵니다."

김수로왕은 빙그레 웃으며 대답했다.

"나는 태어날 때부터 신통력[3]을 가지고 있어, 공주가 멀리서 올 것을 미리 알고 있었소. 그래서 신하들이 배필을 추천하겠다고 해도 그것을 거절했던 것이오. 이제 아름답고 정숙한 그대가 스스로 이렇게 왔으니, 나는 그저 행복할 따름이오."

---

1 아유타국 : 현재 인도 땅에 있던 옛 나라 중 하나.
2 쟁쟁하다 : 목소리가 뚜렷하고 맑다.
3 신통력(神統力) : 무슨 일이든지 해낼 수 있는 영묘하고 불가사의한 힘이나 능력.

김수로왕과 아유타국 공주 허황옥은 곧 결혼식을 올렸다.

이틀 후 다시 새날이 밝자, 김수로왕은 왕비가 타고 온 배를 본국인 아유타국으로 돌려보내기로 했다. 이때 본국을 향해 다시 배로 떠날 아유타국의 시종 15명에게 각각 쌀 열 섬과 베 30필씩을 주어 보냈다.

궁궐로 들어온 김수로왕은 왕비의 거처를 정하고, 본국에서 따라온 두 신하의 부부와 곁에 남게 된 시종들에게 널찍한 집을 두 채 주어 살도록 처리했다. 또 아유타국에서 싣고 온 온갖 보물들은 궁궐 곳간1에 보관했다.

1 곳간 : 물건을 간직해 두는 곳.

## ♣ 함께 생각하기

우리나라는 삼면이 바다와 접해 있어, 옛날부터 해로를 통한 국제 교역의 중심지 역할을 해왔습니다. 또한 북쪽으로 육로가 연결되어 중국과 북방의 여러 나라들로부터 많은 문물이 들어왔습니다.

특히 가야 시대에 인도의 아유타국 공주가 배를 타고 왔다는 것은, 이미 그때부터 뱃길을 통한 남방과의 교역도 이루어지고 있었음을 추측케 합니다. 당시의 교역은 나라간의 사신을 통한 물물교환 형태로 이루어졌습니다.

허황옥이 인도에서 배를 타고 올 때 많은 보물들을 싣고 왔던 것처럼, 김수로왕이 결혼을 한 후 아유타국 시종들이 떠나는 배에 쌀과 베를 실어 보낸 것도 일종의 물물교환 형식을 띤 나라와 나라간 교역이라고 할 수 있습니다.

# ■ 제3권 흥법 제3

# 1 아도

## 고구려와 신라에 초전 불교를 전하다

위나라 제왕 연간[1](240~248)에 아굴마가 사신으로 고구려에 왔다가 고도녕과 인연을 맺었다. 사신이 돌아가고 나서 고도녕은 임신을 해서 아기를 낳았다. 그가 바로 아도였다.

고도녕은 태어난 지 다섯 살이 된 아도를 출가시켰다. 아도는 열여섯 살 때 위나라로 가서 아버지 아굴마를 만났으며, 그를 통해 소개받은 승려 현창의 문하에서 불법을 익혔다.

아도는 열아홉 살이 되어 다시 고구려로 돌아와 어머니에게 문안인사를 올렸다. 어머니는 아도에게 이렇게 일러주었다.

"이 나라는 지금 불법을 모르지만, 앞으로 3천여 달이 지나면 신라에 성왕이 나타나 불교를 크게 일으킬 것이다. 그곳 도읍에는 가람[2]을 세울 자리가 일곱 군데 있다."

어머니는 아도에게 신라의 일곱 군데에 절이 들어설 자리를 일일이 이야기했다. 그곳은 천경림(흥륜사)·삼천기(영흥사)·용궁 남쪽(황룡사)·용궁 북쪽(분황사)·사천미(영묘사)·신유림(천왕사)·서청전(담엄사) 등이었다.

---

1 연간(年間) : 어느 왕이 왕위에 있는 동안.
2 가람 : 승가람의 준말로, 승려가 살면서 불도를 닦는 곳.

미추왕 즉위 2년(262), 아도는 어머니의 지시를 받고 신라에 도착하여 왕성 서쪽에 머물렀다. 그곳은 바로 엄장사 자리였다.

신라에 정착한 아도는 궁궐에 들어가 불법을 전하려 했다. 그러나 신라의 대신들은 세상에 처음 들어보는 종교라며, 의심만 잔뜩 하면서 그를 죽이려고까지 했다. 그는 궁궐에서 달아나 속림 모록의 집에 숨어 지냈다.

미추왕 3년이 되던 해에 성국 공주가 병들었는데, 무당과 의원이 치료해도 별 효험[1]이 없었다. 아도 법사가 급히 궁궐에 들어가 치료했더니, 드디어 병이 나았다. 왕은 크게 기뻐하여 그에게 소원을 물었다.

"제게는 아무런 청도 없으나 다만 천경림에 절을 세워 불교를 크게 일으킴으로써 나라의 복을 빌고 싶을 뿐입니다."

미추왕은 이를 허락하고 절을 짓는 공사에 착수하도록 명령했다. 그때 신라의 풍속이 질박하고[2] 검소함을 좋아했다. 아도 법사는 띳집[3]을 짓고 살면서 불법을 가르쳤다. 그럴 때마다 하늘에서 꽃들이 내려 땅에 떨어졌다. 그 절의 이름을 '흥륜사'라고 했다.

모록의 누이동생 사씨는 아도 법사에게 귀의하여 여승이 되었다. 삼천기에 절을 지어 살았는데, 그 절의 이름을 '영흥사'라 했다.

얼마 후 미추왕이 세상을 떠나자, 불교를 반대해온 신라의 대신들이 아도 법사를 해치려고 했다. 그는 모록의 집으로 돌아가서 스스로 무덤을 만들고, 그 속에 들어가 문을 닫고 다시는 세상에 나오지 않았다. 그리하여 신라에서는 당분간 불교도 폐지[4]되었다.

---

1 효험(效驗) : 일의 좋은 보람.
2 질박(質樸)하다 : 꾸민 데가 없이 수수하다.
3 띳집 : 띠로 지붕을 올린 집. 띠는 벼과에 속하는 여러해살이 풀이다.
4 폐지(廢止) : 실시해 오던 제도나 법규, 일 따위를 없애는 일.

## ♣ 함께 생각하기

불교 전래는 초전과 공전으로 나눌 수 있습니다. 처음 불교가 민간에 전파된 것을 '초전'이라고 하고, 국가가 정식으로 공인한 것을 '공전'이라고 합니다.

고구려의 초전 불교는 아도에서부터 시작되었다고 볼 수 있습니다. 그때부터 사실상 고구려 백성들 사이에선 불교를 믿는 사람들이 늘어나기 시작했습니다.

고구려에 초전 불교를 전한 아도가 신라 땅으로 와서 미추왕 때 역시 불교를 전파했으나, 신라 대신들의 강한 반발에 부딪쳐 한동안 공백 기간을 거치게 되었습니다. 백제에는 초전 불교가 언제 들어왔는지 기록이 전해지지 않아 정확한 것을 알 수 없습니다.

가야의 경우 초전 불교는 고구려·백제·신라 삼국보다 훨씬 이전에 들어왔다는 기록이 있습니다. 바로 『삼국유사』 탑상 제4편의 '금관성의 파사석탑' 기록입니다. 인도에서 허황옥이 배를 타고 올 때, 그 배에 파사석탑을 싣고 왔다는 이야기가 나오는 것입니다.

지금도 금관가야가 있던 김해에는 이 석탑이 유물로 전해져오고 있습니다. 돌은 약간 붉은 반점 무늬가 있고 질이 매우 연한데, 우리나라에서는 나지 않는 석재입니다. 그러나 인도 남부 지역에 가면 이러한 돌이 많이 있다고 합니다. 허왕옥이 김수로왕을 찾아온 것이 서기 40년이므로, 가야의 초전 불교야말로 우리나라에서 가장 앞선 시기라고 할 수 있습니다.

가야의 초전 불교는 해로를 통해 전해진 남방불교로 육로를 통해 들어온 고구려·백제·신라의 북방불교와 그 특징상 대별됩니다.

# 2 이차돈

## 하얀 피를 흘리면서 순교[1]하다

신라 제23대 법흥왕은 어지러운 나라의 정사를 바로잡기 위해서 우선 백성들의 뜻을 하나로 모아야 한다고 생각했다. 그래서 불교를 정식으로 받아들여 나라의 평화를 도모하고자 했다.

"옛날 한나라의 명제는 꿈에 부처님의 계시를 받고 나서 불교를 동쪽으로 전파시켰소. 우리 신라에도 불교가 들어온 지 오래되었으나, 아직 정착되지 못하였소. 이제 나는 부처님의 가르침에 따라 만 백성들이 기도하고 복을 닦을 수 있는 절을 짓고자 하는데, 경들의 의견은 어떠하오?"

이와 같은 법흥왕의 말에 많은 대신들이 반대를 하고 나섰다.

"아직 나라의 재정이 풍족치 못한데 절을 짓는다는 것은 국가적인 낭비일 뿐입니다."

당시 신라의 대신들은 막강한 권력을 쥐고 있었다. 대신들이 반대하면 임금도 자기 마음대로 정책을 펼 수 없었던 것이다.

법흥왕은 크게 실망했다.

'아아, 내가 부덕하여 신하들조차 따르지 않는구나!'

법흥왕은 홀로 고민에 빠졌다. 그의 생각은 백성들로 하여금 불교

---

1 순교(殉敎) : 모든 압박과 박해를 물리치고 자기가 믿는 신앙을 지키기 위하여 목숨을 바치는 일.

를 숭상하게 하여 나라의 뜻을 통일하고, 더불어 강력한 왕권을 만들고자 하는 것이었다.

　이때 한 신하가 법흥왕의 이러한 속마음을 알았다. 성은 '박' 이름은 '염촉'이라고 했다. '염촉'은 한자식 이름인데, '염'은 신라 말로 '이차'이고, '촉'은 '돈'이다. 그래서 그를 '이차돈'이라고 부르기도 했다.

　이차돈은 성격이 대쪽 같고 아주 맑은 성품을 갖고 있었다. 어려서부터 총명하여 사람들로부터 크게 될 인물이란 평을 받고 있었으나, 이제 그는 벼슬자리에 들어선 지 얼마 안 되는 '사인'이란 하급 관리였다. 나이도 고작 스물두 살에 불과했다.

　어느 날 이차돈이 큰맘을 먹고 법흥왕을 알현했다.

　"신이 듣건대 옛날 사람들은 풀을 베는 농사꾼에게도 계책을 물었다고 합니다. 소신이 비록 미천하지만 감히 대왕의 시름[1]을 덜어 드리고 싶습니다."

　법흥왕은 젊은 신하 이차돈의 이와 같은 말에 어이가 없었다.

　"그대가 알 바 아니니라. 물러가거라."

　그러나 이차돈은 물러가지 않고 다시 당돌하게 말했다.

　"나라를 위해 목숨을 바치는 것이 신하의 절개이고, 임금님을 위하여 목숨을 바치는 것이 백성 된 자의 도리입니다. 지금 대왕께서 근심하고 계신 바를 해결할 수 있는 지혜가 소신에게 있습니다. 이제 대왕께서 뜻하는 바를 잘못 전했다고 하여 소신의 목을 베시면, 그 이후부터 만백성이 엎드려 감히 어명을 어기지 못할 것입니다."

　법흥왕은 이차돈의 말을 듣고 깜짝 놀라지 않을 수 없었다. 왕권

---

1 시름 : 마음에 걸려 풀리지 않고 항상 남아 있는 근심과 걱정.

을 확립하기 위해 그 스스로 목숨을 내놓겠다는 것이었다.

"실로 그대 말이 갸륵하구나. 자기의 살을 베어서 새 한 마리를 살리고, 자기의 피를 내어 짐승 일곱 마리를 구하는 것이 임금이 된 자의 도리이다. 과인의 뜻은 백성을 이롭게 하려는 것인데, 어찌 무고한 사람을 죽일 수 있겠느냐? 그대가 공덕을 쌓고자 하는 마음은 알겠으나, 과인으로서는 그것 또한 죄를 짓는 일이 된다. 그대의 말을 듣는 것만으로도 과인에게는 큰 위안이 되는구나."

"이 세상에서 목숨을 버리는 것만큼 어려운 일은 없을 것이옵니다. 그러나 소신이 저녁에 죽고 나서, 다음날 아침에 부처님 세상이 온다면 대왕께서는 편히 나라를 다스리게 되실 것이옵니다."

그러면서 이차돈은 부디 자신의 간절한 소망을 저버리지 말아달라고 하소연했다.

"옛날부터 봉황의 새끼는 어리지만 하늘을 찌를 듯한 큰 뜻을 품었으며, 기러기와 고니의 새끼는 나면서부터 파도를 끊는 기세를 가졌다고 들었다. 이는 바로 그대를 두고 하는 말이로다. 그대는 진실로 큰 선비의 뜻을 가졌구나."

법흥왕은 이차돈의 큰 뜻을 알아차리고, 마침내 그의 말에 따르기로 했다.

이차돈은 곧 자신이 세운 계획을 법흥왕에게 다음과 같이 설명했다.

"소신이 대왕의 명령이라 하여 절을 세운다고 소문을 퍼뜨리면 많은 대신들이 반대하고 나설 것입니다. 그때 대왕께서는 소신이 거짓으로 어명을 퍼뜨린 모양이라고 말하고, 그 죄를 물어 다른 대신들이 보는 앞에서 목을 치십시오. 그렇게 하면 그 뒤부터 이상한 일이 일어나서 모든 사람들이 불교를 믿게 되고, 순순히 대왕의 말을 따르게 될 것입니다."

이차돈은 이렇게 말한 후 곧 자신의 계획을 실행에 옮겼다.

그러자 불교를 반대하는 많은 대신들이 들고 일어섰다.

당시 신라에는 여섯 마을의 우두머리들로 구성된 화백회의가 있었다. 이 회의에서 결정되지 않은 일은 비록 왕이라 하더라도 함부로 시행할 수 없었다.

대신들이 화백회의를 거치지 않고 감히 절을 짓겠다고 떠드는 신하가 있다며 항의하자, 법흥왕은 모든 문무백관을 불러 한 자리에 모아놓고 다음과 같이 말했다.

"그대들 중에서 과인이 절을 지으려 한다는 뜬소문을 퍼뜨린 자가 누구인가?"

법흥왕은 이차돈과 약속한 바가 있었기 때문에 짐짓 엄숙한 표정을 지었다.

"소인이 그런 소문을 퍼뜨렸습니다."

이차돈이 앞으로 나서며 말했다. 그러나 이것은 이미 법흥왕과 미리 짠 계획대로 행동하는 것에 지나지 않았다.

법흥왕은 노기가 등등하여 소리쳤다.

"무엄하구나? 당장 저 죄인을 형틀에 묶어 목을 베도록 하라!"

곧 이차돈은 군사들에 의해 형틀에 묶이었다. 그리고 많은 대신들이 지켜보는 가운데 그는 형리[1]의 칼에 목이 잘렸다.

그런데 바로 그때 도처에서 신비스런 일이 일어났다.

먼저 이차돈의 목에서는 붉은 피가 아닌 흰 빛깔의 젖이 한 길이나 솟아올랐다. 그 순간 갑자기 하늘이 캄캄해지며 저녁 햇살이 광

---

1 형리(刑吏) : 죄를 물어 형을 집행하는 관리.

명을 감추었다. 또한 땅이 진동하며 맑았던 하늘에서 빗방울이 뚝 뚝 떨어져 내렸다.

법흥황은 이차돈의 죽음을 슬퍼하며 용포자락이 젖도록 눈물을 흘렸고, 신하들은 두려움에 떨어 식은땀으로 관복을 적셨다.

서라벌의 샘물은 말랐고, 연못의 물고기와 자라는 물이 모자라 서로 살겠다고 다투어 튀어 올랐다. 곧은 나뭇가지가 부러지니 원숭이가 떼를 지어 울었다. 동쪽 궁궐에서는 말고삐를 나란히 하던 동료들이 서로 마주보며 피눈물을 흘렸다.

이차돈의 장례가 치러지던 날이었다. 대궐 뜰에서 소매를 잡고 놀던 그의 친구들은 애끓는 석별을 하며 관을 잡고 울었다. 그 소리가 마치 부모의 상을 당한 것 같았다.

사람들은 모두 입을 모아 말했다.

"개자추가 허벅지살을 벤 것도 염촉의 뼈아픈 절개에는 비교할 수 없고, 홍연이 배를 가르는 것도 어찌 그의 장렬함에 견줄 수 있겠는가?"

드디어 이차돈은 북산의 서쪽 고개에 묻혔다. 그의 아내는 애도를 하며 좋은 터를 잡아 절을 짓고 '자추사'라고 했다.

## ♣ 함께 생각하기

삼국 시대에는 인도에서 시작된 불교가 들어와 화려한 꽃을 피웠습니다. 공식적으로 불교가 중국을 경유해 우리나라에 들어온 것은 4세기경입니다. 대체로 중국과 활발한 교류가 있었던 고구려와 백제가 먼저 불교를 받아들였고, 신라는 그보다 늦은 5세기경에 불교를 정식으로 인정했습니다.

고구려의 경우 소수림왕 2년(372)에 전진의 왕 부견이 승려 순도를 보내 불교를 전파했습니다. 백제에 불교가 전해진 것은 고구려보다 12년 뒤인 침류왕 원년(384)에 동진에서 온 인도 승려 마라난타에 의해서였습니다.

그리고 신라는 눌지 마립간 시대에 승려 묵호자가 고구려로부터 불교를 전파했으나, 당시에는 널리 유포되지는 못했습니다. 그러다가 법흥왕 14년(527) 이차돈의 순교를 계기로 왕권을 강화하기 위하여 불교를 정식으로 받아들였습니다.

고구려 고분 벽화

■ 제3권 탑상 제4

# 1 황룡사 구층 목탑

## 자장 율사, 황룡사에 구층 목탑을 세우다

신라 제27대 선덕 여왕 5년, 자장 율사가 불경을 연구하기 위해 당나라로 건너갔다.

자장 율사가 중국 오대산에 들어가 불법을 익히는데, 문득 문수보살이 나타나 불교의 이치를 가르쳐 주었다.

그때 문수보살은 자장 율사에게 다음과 같이 말했다.

"너희 나라 대왕은 바로 천축의 찰리종왕[1]으로 이미 불법을 닦고 계시를 받은 자이다. 그런 특별한 인연이 있기 때문에 야만스런 오랑캐 족속들과는 다르다. 그러나 너희 나라는 산천이 험준하여 백성들의 성질이 사납기 때문에 다른 사교를 많이 믿는다. 이따금씩 큰 재앙이 내리는 것은 바로 그 이유 때문이다. 그렇지만 다행히도 나라 안에 불도를 닦는 중들이 있어, 지금은 임금과 신하와 백성들이 평화로운 것이다."

문수보살은 말을 마치자마자 홀연히 사라졌다. 자장 율사는 감격에 겨워 눈물을 흘렸다.

어느 날 자장 율사가 중국의 '태화지'라는 연못가를 지나는데, 홀연히 한 신령스러운 사람이 나타나 물었다.

"그대는 어찌하여 이곳에 오시었소?"

---

1 찰리종왕 : 고대 인도의 왕족.

"불도를 닦으러 왔습니다."

자장 율사의 말에 다시 신인이 물었다.

"그대의 나라에 무슨 어려운 일이라도 있단 말이오?"

"예, 우리나라는 북으로 말갈[1]과 접하여 있으며, 남으로는 왜국과 바다를 면하고 있습니다. 그리고 이웃의 고구려와 백제는 호시탐탐 신라의 국경을 넘보고 있으니, 백성들의 고통이 이루 말할 수 없이 큽니다. 그것이 우리나라의 어려운 일입니다."

"지금 그대의 나라는 여왕이 통치를 하고 있기 때문에 덕은 있으나 위엄이 없소. 그래서 이웃 나라가 얕잡아보고 침략을 일삼는 것이니, 그대는 빨리 본국으로 돌아가 나라를 도우시오."

신인의 말에 이번에는 자장 율사가 묻지 않을 수 없었다.

"본국에 돌아가서 소승이 어떤 일로 나라를 도울 수 있습니까?"

"황룡사를 지키는 용은 바로 나의 큰아들이오. 그대는 본국에 돌아가 황룡사에 구층 목탑을 세우도록 하시오. 그러면 이웃 나라들이 모두 항복하고 동방의 아홉 나라가 조공을 해올 것이오. 탑을 세운 후에 팔관회[2]를 베풀고 죄인을 석방하면 감히 외적들이 해치지 못할 것이오. 그리고 경기 지방 남쪽 해안에 작은 절을 지어 내 복을 빌어준다면, 나도 그 은덕에 보답하겠소."

말을 마친 신인은 자장 율사에게 옥을 바치고 홀연히 사라졌다.

자장 율사는 곧 신라로 돌아와 선덕 여왕에게 다음과 같이 건의했다.

"황룡사에 구층 목탑을 건립하여 나라의 안전을 도모해야 합니다."

---

1 말갈(靺鞨) : 6~7세기경 한반도 북부와 만주 동북부 지역에 거주했던 종족.

2 팔관회(八關會) : 삼국 시대에 시작되어 고려 시대 국가행사로 치러진 종교 행사. 특히 이 때 행해진 팔관회는 모두 호국적인 성격이 짙었다.

이때 선덕 여왕은 물론이고 모든 신하들이 자장 율사의 말에 찬성했다. 그러나 당시 신라에는 탑을 세울 만한 기술자가 없었다. 그래서 금은보화를 가지고 백제로 가서 솜씨 좋은 장인을 데려오기로 했다.

한편 백제에서는 신라의 청을 받아들여 탑을 쌓는 장인으로 아비지를 보냈다. 아비지는 곧 신라 땅으로 와서 황룡사에 구층 목탑을 세우기 시작했다. 이때 신라에서는 '이간'이란 벼슬을 하는 용춘이 보조 장인 200명을 데리고 아비지의 지시에 따라 구층 목탑 세우는 일을 도왔다.

황룡사 구층 목탑을 세울 때 백제에서 온 공장 아비지는 고국이 망하는 꿈을 꾸었다. 그래서 고국으로 돌아가려고 마음을 먹었는데, 어느 날 갑자기 땅이 진동하고 사방이 캄캄해지더니 황룡사 금당 문이 열리며 한 노승이 나타났다. 이 노승은 기골이 장대한 장사 한 명을 거느리고 다가와 탑의 가장 기초가 되는 가운데 기둥[1]을 세우고는 어디론가 홀연히 사라졌다.

그 광경을 목격한 사람들은 모두 놀라 그저 입만 벌리고 있었다. 아비지도 눈을 휘둥그레 뜬 채 말문을 열지 못했다. 결국 아비지는 고국으로 돌아가려던 마음을 접었다. 그는 노승과 장사가 홀연히 나타나 탑의 기둥을 세우고 사라지는 것을 보고, 부처님이 자신에게 이 일을 맡긴 것이라 생각하고 구층 목탑을 세우는 일에 더욱 심혈을 기울였다.

신라에서 황룡사 구층 목탑을 세운 후의 일이었다. 고구려왕이 신라를 공격하려다 말고 이렇게 말했다.

"신라에는 세 가지 보배가 있어 함부로 범할 수가 없다. 그 세 가지란 황룡사의 장륙존상과 구층 목탑, 그리고 하늘에서 하사한 진평왕의 옥띠가 그것들이다."

---

1 탑의 가장 기초가 되는 가운데 기둥 : '찰주'라고도 함

## ♣ 함께 생각하기

불탑은 크게 목탑과 석탑으로 구분할 수 있습니다. 삼국 시대 초기의 절에 세워진 탑은 모두 목탑이었으며, 그 기본은 평면이 팔각이거나 사각의 형태를 취하고 있었습니다. 팔각 목탑은 고구려의 평양 청암리 금강사지의 것이 유명했으며, 사각 목탑은 백제의 부여 군수리 절터에 그 흔적이 남아 있습니다.

신라 목탑으로 유명한 것은 황룡사의 구층 목탑입니다. 이 탑의 경우도 사각으로 된 구층 목탑인데, 각 층마다 신라를 둘러싼 외국을 지칭함으로써 적의 침략을 막으려고 했습니다. 그러나 이러한 목탑들은 모두 불에 타 없어지고 지금은 그 터만 남아 있습니다.

석탑의 경우는 삼국 중 가장 목조건축 기술이 뛰어났던 백제에서 처음으로 건축되었습니다. 그 최초의 작품은 대략 600년경에 만들어진 것으로 보이는 미륵사지 석탑입니다. 석탑이면서도 목탑처럼 정교하고 아름다운 형태를 취하고 있는 것은 불국사의 다보탑과 석가탑, 그리고 화엄사의 사사자 삼층석탑을 들 수 있습니다.

# 2 조신

## 하룻밤 꿈속에서 일생을 살다

옛날 신라 시대 때 세규사란 절이 있었다. 이 절에서 멀리 떨어져 있는 명주 날리군에 스님들이 직접 채소를 가꾸는 농장이 있었다. 이 곳에 파견된 관리인은 조신이란 스님이었다.

젊은 스님 조신은 어느 날 농장 근처로 놀러왔던 그 고을의 태수 김흔의 딸을 보았다. 첫눈에 반했다. 그 뒤부터 남몰래 사모하는 마음이 생겨 도무지 일이 손에 잡히지 않았다.

조신은 여러 차례 낙산사의 관음보살 앞에 나가 태수의 딸과 같이 살게 해달라고 빌었다. 이렇게 수년간 혼자 가슴을 태우며 비는 사이에, 태수의 딸은 이미 다른 사람에게 시집을 가버리고 말았다.

절망에 빠진 조신은 관음보살 앞에 가서 눈물을 흘렸다. 그렇게 간절히 빌었는데도 자신의 소망을 이룰 수 있게 해주지 않은 관음보살을 원망하면서 울고 또 울었다. 그러다가 날이 저물 무렵에는 아주 지쳐서 그 자리에 쓰러져 깜빡 잠이 들고 말았다.

비몽사몽간에, 태수의 딸이 법당 문을 열고 들어섰다. 그녀는 화사한 웃음을 흘리며 조신에게 말했다.

"저는 몇 년 전 스님의 모습을 멀리서 엿본 후 마음 속 깊이 사모해 왔습니다. 그때부터 지금까지 잠시도 스님을 잊은 적이 없습니다. 그렇게 남몰래 가슴을 태우다가 부모님의 말씀을 거역할 수 없어 마지못해 다른 남자에게 시집을 갔습니다. 그래도 사모하는 마음을 도저히 잊을 수가 없어 스님과 한 무덤에라도 같이 들어가 겠다는 각오로 이렇게 달려왔습니다."

조신은 기뻐서 어찌할 줄 몰랐다. 그는 스님의 옷을 벗어던지고 그길로 태수의 딸을 데리고 자신의 고향으로 돌아갔다.

그러고 나서 40년이 흘렀다. 그 사이 아이를 다섯이나 낳아 키웠 지만, 집안 살림은 갈수록 가난에 찌들어 궁색하기 이를 데 없었다. 식구들끼리 나물죽마저 넉넉하게 끓여먹을 수가 없었다.

조신은 고향에서 더 이상 먹고 살 게 없다고 판단했다. 그는 아내 와 다섯 명의 자식들을 데리고 이리저리 먹을 것을 찾아 떠돌아다 녔다. 그렇게 10년간 유랑생활을 했다. 누더기를 걸친 거지꼴을 하 고, 이집 저집 구걸을 하며 아주 어려운 생활로 구차스럽고 질긴 목숨을 이어나갔다.

어느 핸가 명주 해현 고개를 넘다가 열다섯 살 난 큰아이를 굶겨 죽이고 말았다. 조신과 그의 아내는 울면서 아들의 시체를 길가에 묻었다. 그러고는 남은 네 자식을 데리고 우곡현으로 왔다.

유랑생활에 지친 조신 부부는 우곡현 길가에 움막을 짓고 네 아 이와 함께 살았다. 그러나 이들 부부는 이미 늙고 병들었다. 거기에 다 굶주림에 지쳐 밖으로 나다닐 힘조차 없었다. 열 살 난 딸아이 가 돌아다니며 구걸하여, 그나마 식구들이 끼니를 이어 겨우 목숨 을 부지하고 사는 형편이었다.

그런데 어느 날 딸아이마저 마을의 개에게 물려 더 이상 구걸 행 각[1]을 할 수 없게 되었다. 조신 부부는 탄식하며 하염없이 눈물을 흘렸다. 그때 아내가 손등으로 눈물을 훔치더니 말했다.

---

1 행각(行脚) : 어떤 목적으로 여기저기 떠돌아다님.

"제가 당신을 처음 만났을 땐 얼굴도 아름답고 나이도 젊었습니다. 옷도 깨끗하고 고급스러웠습니다. 맛좋은 음식이 한 가지라도 있으면 당신과 나누어 먹었습니다. 옷감이 생기면 당신과 함께 지어 입었습니다. 정말 지난 50년을 행복하게 살아왔습니다. 그러나 이제 몸은 늙고 병들었으며, 추위는 더욱 살을 파고들고 배고픔은 날로 심해지고 있습니다. 이제는 남들도 방 한 칸 빌려주지 않고, 간장 한 병을 구걸해도 문전박대[1]를 당해야만 합니다. 아이들이 추위에 떨고 굶주림에 시달려도 그것을 면하게 해주지 못하고 있습니다. 이러한 판국에 부부간의 정인들 다 무슨 소용이겠습니까? 젊고 예쁜 얼굴에 피는 웃음은 풀잎 위의 이슬과 같고, 우리가 굳게 맹세했던 언약도 바람에 날리는 버들가지에 불과합니다. 당신에겐 제가 짐이 되고, 저는 당신 때문에 괴로워하고 있습니다. 곰곰이 생각해보면 지난날들이 바로 괴로움의 연속이었습니다. 우리가 어쩌다 이 지경에 이르렀나요? 여러 마리 새가 모여 있다가 함께 죽기보다는, 차라리 짝 없는 한 마리 새가 거울 속의 제 모습을 바라보며 짝을 찾는 것이 낫지 않겠습니까? 형편이 좋을 때는 친하다가 나쁠 때면 떨어지는 것은 인정상 차마 못할 짓이긴 합니다. 그러나 가고 머무는 것이 사람의 뜻대로만 되는 것은 아닌 것 같습니다. 사람이 헤어지고 만나는 것 역시 운명인 모양입니다. 그러니 우리 여기서 서로 헤어지도록 하시지요."

조신은 아내의 이런 말을 듣고 무척 반가웠다. 그래서 네 아이들을 각각 둘씩 갈라서 떠맡고, 서로 헤어지려고 할 때 다시 아내가 말했다.

---

1 문전박대(門前薄待) : 남의 집 문 앞에서 인정도 없이 푸대접을 받음.

"저는 고향으로 갈 테니 당신은 남쪽으로 가도록 하세요."

부부가 서로 잡았던 손을 놓고 막 헤어지려할 때, 조신은 꿈에서 깨어났다.

어느 새 밤은 이슥하도록 깊었고, 등불만 어스름한 불 그림자를 드리운 채 하릴없이 흔들리고 있었다.

이튿날 아침에 일어나 거울을 보니 조신의 머리털이 하얗게 세어 있었다. 그는 갑자기 멍청해져서 넋이 나간 듯했다. 그리고 속세에 나가 살고 싶은 마음이 싹 사라져 버렸다.

조신은 마치 백 년 동안 고생을 겪기라도 한 사람처럼, 인간의 고된 삶에 염증을 느꼈다. 마음속에 도사리고 있던 욕심도 얼음이 녹아버리듯 말끔히 사라졌다. 그는 관음보살의 성스러운 모습을 바라보기가 부끄러워 고개를 숙이고 참회의 기도를 올렸다.

그러고 나서 조신은 해현으로 가서, 꿈속에서 굶어죽은 큰아들을 묻었던 곳을 파보았다. 그곳에서 돌미륵이 나왔는데, 그는 그것을 깨끗이 씻어 그 부근의 절에다 모셨다.

다시 세규사로 돌아온 조신은 농장을 관리하는 일을 그만두고, 자신이 갖고 있던 모든 재산을 털어 정토사를 세웠다.

## ♣ 함께 생각하기

연등회는 처음에 정월 대보름날 행사였으나, 그 뒤에 2월 보름으로 바뀐 불교적 명절입니다. 말 그대로 절 마당에 연등을 켜고 기도를 드린 후 탑돌이를 하거나 각종 음악과 놀이를 즐겼습니다.

삼국 시대에는 연등회가 국가적인 행사라기보다 민간 차원에서 행해졌습니다. 그러나 임금도 궁궐에서 나와 절에 행차하는 등 연등회가 큰 행사였던 것만은 사실입니다. 그 이후 왕건이 고려 태조가 되고 나서 정식으로 불교를 국교로 정하면서부터는 이 연등회가 국가적인 큰 행사로 발전했습니다.

『삼국유사』에 나오는 '조신의 꿈'에 대한 이야기는 재미있을 뿐만 아니라 뭔가 읽는 이로 하여금 느끼게 해주는 것도 많습니다. 그래서 이광수는 이 소재를 가지고 『꿈』이라는 소설을 썼으며, 영화감독 신상옥은 그것을 각색해 영화로도 만들어 큰 화제를 불러일으키기도 했습니다.

# 3 신효 거사

## 학의 깃털로 세상을 바라보다

자장 법사는 오대산에 들어가 문수보살의 진신을 보려고 움막을 짓고 살며 기도에 열중했다. 나중에 그곳에 월정사가 세워졌다.

월정사가 세워지기 전의 일이지만, 자장 법사가 떠난 후에 신효 거사가 그 움막에 머물렀다고 한다. 그에게는 다음과 같은 재미있는 이야기가 전해져 내려오고 있었다.

공주가 고향인 신효 거사는 홀어머니를 모시고 살았다. 어머니를 봉양하는 효성이 지극하여, 고을에서는 그를 모르는 사람이 거의 없었다. 그런데 늙으신 어머니는 끼니때마다 밥상에 고기가 올라오지 않으면 수저를 들지 않았다.

가난한 신효 거사는 매번 끼니때마다 고기를 사다 어머니를 봉양하기가 매우 어려웠다. 그래서 그는 생각다 못해 직접 활을 메고 산과 들로 돌아다니며 새나 들짐승을 잡아 고깃국을 끓여 어머니의 밥상에 올렸다.

그러던 어느 날, 신효 거사는 논둑[1]을 걷다가 다섯 마리의 학이 있는 것을 발견했다. 그는 얼른 활을 겨누어 화살을 날렸다. 학 다섯 마리 중 한 마리를 맞추기는 했으나, 고작 깃털 하나만 떨어뜨

---

1 논둑 : 벼를 경작하는 논에 물을 가두기 위해 쌓은 낮은 둑.

리게 했을 뿐 학들은 모두 날아가 버리고 말았다.

신효 거사는 학이 떨어뜨리고 간 깃털을 집어 들어 살펴보았다. 투명하리만큼 맑고 유난히도 흰 그 깃털은 매우 아름다웠다.

학 깃털을 들고 집으로 돌아온 신효 거사는, 장난삼아 그 깃털을 눈에 대고 마을 사람들을 바라보았다. 그런데 놀랍게도 그 깃털 사이로 보이는 마을 사람들이 모두 짐승 모습을 하고 있는 것이었다.

그때 신효 거사는 문득 깨달은 바가 있었다. 마음을 바르게 하고 살아야지 너무 욕심을 부리면 짐승만도 못한 사람이 된다는 것을 느꼈던 것이다. 세상을 바라보는 학의 깃털이 가져다준 귀중한 교훈이었다.

신효 거사는 그 이후부터 어머니 밥상에 차릴 고기를 구하기 위해 사냥 나가는 일을 그만두었다. 이렇게 살생을 금하고 그 대신 자신의 넓적다리 살을 베어 고깃국을 끓여 어머니 밥상에 올렸다.

어머니가 세상을 떠나자, 신효 거사는 출가하여 스님이 되기로 결심했다. 그는 그동안 살던 집을 내놓아 절로 삼았으니, 지금의 '효가원'이었다.

그러나 신효 거사는 고향을 떠나기로 마음먹었다. 학의 깃털을 통해 고향 사람들이 짐승의 모습으로 보인 이상, 자신이 어머니를 봉양하기 위해 사냥을 하던 옛날 생각이 나서 도저히 살 수가 없었던 것이다.

신효 거사는 고향을 떠나 경주 경계로부터 그 북쪽의 먼 하솔[1] 지방까지 갔다. 그곳에 이르러 그는 학의 깃털을 눈에 대고 사람들을 바라보았다. 그런데 이곳에서는 사람의 모습 그대로 보이는 것

---

1 하솔 : 강릉의 옛 이름.

이었다.

마침내 신효 거사는 그곳에서 살아야겠다고 마음먹고, 적당히 머물 곳을 찾아 나섰다. 여기저기 돌아다니던 끝에 그는 길에서 한 부인을 만나 물어보았다.

"이 지방에서 수도하며1 살기에 적당한 곳을 찾고 있습니다. 아시면 제게 가르쳐주십시오."

그러자 부인은 기다리고 있었다는 듯 선뜻 대답했다.

"서쪽 고개를 넘어가면 북쪽으로 향한 골짜기가 나오는데, 그곳이 수도하기에 좋을 것입니다."

신효 거사가 머리를 숙여 감사 표시를 전하고 고개를 들었을 때, 이미 그 부인은 홀연히 어디론가 사라지고 없었다. 그때 그는 마음속으로 외쳤다.

'아, 관음보살이 나타나 내게 길을 가르쳐주셨구나!'

그 길로 신효 거사는 서쪽 고개를 넘어가 자장 법사가 옛날에 기거하던 움막을 찾아들었다.

신효 거사가 움막에서 도를 닦고 있는데, 어느 날 다섯 명의 스님이 그를 찾아와 물었다.

"그대가 가져온 가사2 한 폭은 지금 어디에 있는가?"

신효 거사는 난데없는 말에 어리둥절하여 그저 다섯 명의 스님만 쳐다볼 뿐이었다.

그러자 가사 자락 한 귀퉁이가 뜯겨져 나간 스님이 말했다.

"그대가 눈에 대고 사람들을 바라보던 학의 깃털이 바로 내 가사

---

1 수도(修道)하다 : 도를 닦다.
2 가사 : 스님이 곁에 걸치는 옷.

자락이라네."

신효 거사는 그 말을 듣고 깜짝 놀라 얼른 학의 깃털을 스님에게 내주었다. 그러자 스님은 학의 깃털을 받아 자신의 뜯겨져나간 가사 자락 한 귀퉁이에 맞추어보았다. 놀랍게도 학의 깃털은 가사 자락의 떨어져나간 부분과 꼭 들어맞았다.

신효 거사는 다섯 명의 스님이 돌아간 뒤에야, 그들이 보통 인물이 아닌 성인들이라는 사실을 깨닫게 되었다.

신효 거사 이후에 신의 스님이 그 움막을 찾아와 그곳에 암자[1]를 세우고 머물렀다. 그 뒤 유연 스님이 와서 수도하면서 점차 큰 절이 되었는데, 그곳이 바로 '월정사'였다.

월정사에 있는 다섯 성중과 구층 석탑은 모두 거룩한 성인들을 모시기 위해 만든 것이었다.

---

1 암자 : 큰 절에 딸린 작은 절, 또는 승려가 임시로 거처하며 도(道)를 닦는 집.

## ♣ 함께 생각하기

우리나라는 예로부터 '동방예의지국'이라 불렸습니다. 그만큼 예의를 숭상한 나라입니다. 예의 중에서도 임금에게 충성하고 부모에게 효도하는 것을 가장 중요한 덕목으로 생각했습니다. 그래서 '충효사상'이란 말도 나왔던 것입니다.

고구려의 경우 태학이란 교육기관을 세워 충효사상을 가르쳤습니다. 특히 중국에서 건너온 유학은 태학에서 가르치는 중요한 경전이었습니다. 유학은 공자의 사상을 근본으로 하고 있습니다. 『논어』가 그 대표적인 경전이며, 학자들은 사서오경을 교재로 공부를 했습니다.

한편 백제의 경우 왕인이 『논어』와 『천자문』을 일본에 처음 전했다고 합니다. 이것은 당시 백제의 교육도 유교 사상을 근본으로 했다는 사실을 간접적으로 증명해주고 있는 것입니다.

신라의 경우 원광 법사의 '세속오계'라는 화랑도 정신 속에 '충효사상'이 대표적인 덕목으로 들어가 있을 정도로 예의를 숭상했습니다.

이처럼 삼국 시대에 예의를 숭상하게 된 것은 고조선 시대 이래로 씨족사회를 형성해오면서 가부장적 제도가 확립되었기 때문인 것으로 파악됩니다. 씨족사회의 질서를 유지하기 위해서는 위와 아래를 따져 행동하는 예의가 가장 중요한 덕목일 수밖에 없었던 것입니다. 특히 부모를 위하는 일은 가장 근본이 되는 예의이기 때문에, 효성이 지극한 자식에게는 나라에서도 큰 상을 내려 칭찬을 아끼지 않았습니다.

■ 제4권 의해 제5

# 1 원광 법사

늙은 여우가 신령으로 변신해 도와주다

원광 법사는 속세에 있을 때 '설씨' 성을 썼고, 경주에서 태어났다. 그는 나이 서른 살 때 조용히 살면서 수도할 생각으로 혼자 삼기산에 들어갔다.

입산한 지 4년이 지난 어느 날이었다. 어떤 스님이 그 산에 들어와 절을 짓고 도를 닦기 시작했다. 원광 법사가 머물고 있는 암자에서 불과 얼마 떨어지지 않은 곳이었다. 그런데 그 스님은 조용히 불법을 닦기보다는 온갖 소란을 떨며 도술을 익히는 데만 몰두했다.

하루는 원광 법사가 밤에 홀로 앉아 불경을 외는데, 갑자기 모습도 없는 신령의 목소리가 들렸다.

"대체로 수행하는 자는 많으나 법대로 하는 자는 드물도다. 그런데 지금까지 내가 보아온 그대의 수행은 참으로 장하다. 허나 그대의 이웃에 있는 수행자는 도술이나 익히려고 욕심을 부리고 있다. 별로 얻는 것도 없으면서 너무 시끄럽게 굴어, 다른 사람의 수행에 방해가 되고 있다. 더구나 그가 거처하는 곳은 내가 늘 지나다니는 길이니, 통행에 불편할 뿐만 아니라 미운 생각까지 든다. 법사는 나를 위하여 그자에게 가서 다른 곳으로 거처를 옮기라고 전하라. 만일 그자가 오랫동안 거기에 머문다면 내가 더 이상 화를 참지 못해 무슨 일을 저지를지 모른다."

이튿날 원광 법사는 도술을 닦는 스님을 찾아가 말했다.

"내가 어젯밤에 신령의 말을 들으니, 스님이 다른 곳으로 옮겨가기를 바라고 있습니다. 그러니 이곳을 떠나는 것이 좋을 것 같습니다."

그러자 그 스님은 원광 법사를 보고 비웃었다.

"흥, 수행이 지극한 사람도 마귀에게 홀립니까? 법사는 어찌 여우 귀신이 지껄이는 말을 내게 전하는 것이오?"

그날 밤 신령이 원광 법사를 찾아와 물었다.

"도술을 익히는 그 수행자는 내가 한 말에 대해 무엇이라 답하였나?"

원광 법사는 신령이 노여워할 것 같아 다음과 같이 대답했다.

"아직 말을 하지 못했습니다. 하지만 내일이라도 말을 한다면 어찌 감히 듣지 않겠습니까?"

"그런 소리 말라. 이미 나는 다 들었다. 이제 그대는 잠자코 내가 하는 것만 구경하라."

신령은 말을 마치고 돌아갔다.

그런데 그날 밤중에 갑작스런 천둥과 함께 벼락 치는 소리가 들렸다. 이튿날 원광 법사가 일어나 밖에 나가보니 벼락으로 산이 무너져 내려 도술을 익히던 스님의 암자가 흙더미 속에 묻혀 버렸다.

그날 밤 신령이 다시 와서 물었다.

"그래, 그대가 보기에 어떠한가?"

"몹시 놀랍고 두려웠습니다."

"내 나이가 삼천 살이나 되니 신기한 술법도 대단한 경지에 이르렀다. 이런 일쯤이야 사소한 일에 속하는데 무엇을 그리 놀라는가? 나는 장래에 일어날 일도 알고 있으며, 온 천하의 일도 다 통달했다[1]. 내가 보기에 그대는 이곳에서 수행만 하고 있으면 발전이 없다. 중국에 가서 불법을 익히고 돌아와 이 나라의 어리석은 백성들을 지도해야 하지 않겠는가?"

신령의 이와 같은 말에 원광 법사는 머리를 숙이고 대답했다.

"중국에 가서 불법을 익히는 것은 본래 소승의 소원입니다. 그러나 바다가 가로막고 있고, 육로는 멀고 험하여 감히 엄두를 내지 못하고 있습니다."

이때 신령은 원광 법사에게 중국으로 갈 수 있는 방법을 자세히 가르쳐주었다.

이렇게 하여 원광 법사는 25세 때 배를 타고 중국으로 건너갔다.

원광 법사는 중국에서 유명하다는 스님을 찾아가 불법을 익혔고, 당시 성행하던 유교경전[2]에 심취하기도 했다. 그러나 막상 불교의 이치를 깨닫고 보니 유교의 지식은 썩은 지푸라기처럼 여겨졌다.

진나라에서 불경을 익힌 원광 법사는 오나라 호구산에 들어가 참선을 했다. 그때 명성을 듣고 찾아온 사람들에게 많은 깨달음을 주었다.

원광 법사는 중국 유학을 마치고 11년 만에 신라로 무사히 돌아왔다. 이 모두가 옛날 삼기산 암자에서 만난 신령 덕분이라 생각했다.

그래서 원광 법사는 자신이 중국으로 유학을 갈 수 있도록 도와준 신령에게 감사를 드리기 위해 삼기산 암자로 찾아갔다. 밤이 깊

---

1 통달(通達)하다 : 막히는 법이 없이 환히 통하다.
2 유교경전 : 중국 고대 공자가 주창한 학문을 유교라고 하고, 그 학문의 대표적인 것이 '사서삼경'이란 경전이다.

어지자 옛날처럼 신령이 모습을 감춘 채 목소리만으로 다음과 같이 물었다.

"그래, 바다와 육지의 그 먼 길을 어떻게 다녀왔는가?"

"신령님의 큰 은혜를 입어 아주 편안하게 다녀왔습니다."

원광 법사는 정중하게 감사의 인사를 드렸다. 그러자 신령은 그 자리에서 또한 가르침을 주었다.

너무 고마움을 느낀 원광 법사는 용기를 내어 신령에게 물었다.

"신령님께서는 어찌하여 소승에게 모습을 보여주시지 않습니까?"

그러자 신령이 대답했다.

"만일 내 모습을 보고 싶으면 내일 아침 동쪽 하늘을 바라보라."

다음날 아침에 원광 법사가 동쪽 하늘을 바라보니, 큰 팔뚝이 구름을 뚫고 하늘 아래로 삐죽 나와 있었다. 그날 밤 신령이 다시 물었다.

"내 팔뚝을 보았는가?"

원광 법사가 대답했다.

"보았는데, 매우 기이했습니다."

"내가 비록 그런 몸을 하고 있기는 하나 죽음을 면치는 못할 것이다. 며칠 후 이 산의 고갯마루에서 죽을 것이니, 그대는 영영 저 세상으로 가는 내 영혼을 위로해 주기 바란다."

신령과 약속한 날 원광 법사는 고갯마루로 나가 보았다. 그런데 그때 시커먼 늙은 여우 한 마리가 가쁜 숨을 몰아쉬다가 곧 죽어버렸다.

원광 법사를 도와준 것은 신령이 아니라 도술을 부리는 늙은 여우였던 것이다.

신라 사람들은 모두 원광 법사를 덕망[1]이 높은 승려로 떠받들었다.

---

1 덕망(德望) : 덕을 쌓아 얻은 명망.

원광 법사가 삼기산을 떠나 가슬갑에 머무르고 있을 때였다. 어느 날 그가 머물고 있는 암자로 화랑 귀산과 추항이 찾아왔다.

"저희들은 낭도[1]이옵니다. 그러나 너무 속세에 물들고 우매하여 아는 바가 없습니다. 바라옵건대 저희들에게 일생의 계명[2]으로 삼을 수 있도록 법사께서 한 말씀 해주시면 고맙겠습니다."

"불교계에는 보살계라는 것이 있고, 거기에 따른 조항들이 열 가지나 된다. 그러나 너희들은 다른 사람의 신하된 몸으로서 아마도 감당하기 어려울 것이다. 지금 속세에는 다섯 가지 계율이 있다. 즉 첫째는 충성으로 임금을 섬기는 것(사군이충), 둘째는 효도로 어버이를 섬기는 것(부자유친), 셋째는 믿음으로 벗을 사귀는 것(교우이신), 넷째는 싸움터에 나가 물러서지 않는 것(임전무퇴), 다섯째는 살생을 가려서 하는 것(살생유택)이다. 너희들은 이 다섯 가지 계율을 실행하는 데 소홀함이 없도록 해야 한다."

원광 법사의 말에 귀산이 물었다.

"다른 것은 잘 알겠습니다만, 이른바 살생을 가려서 하라는 것만은 그 의미를 잘 알지 못하겠습니다."

원광 법사가 말했다.

"매월 몸을 깨끗이 하는 여섯 날, 즉 '육재일'과 봄·여름에는 살생을 하지 말아야 한다. 이는 시기를 가리는 것이다. 부리는 가축을 죽이지 말라고 하는 것은 말·소·닭·개를 말하는 것이다. 미물을 죽이지 말라고 하는 것은 그 고기 한 점도 되지 못하는 것을 말하니, 이는 바로 대상을 가리라는 것이다. 또한 죽일 수 있는 것도 꼭 필

---

1 낭도(郎徒) : 화랑의 도를 익히는 무리들.
2 계명(啓明) : 지식수준이 낮거나 인습에 젖은 사람을 가르쳐서 깨우침.

요한 양만큼만 죽이고 많이 죽이지는 말아야 한다. 이것이 살생유
택의 계이다.”

이후에 두 사람은 전쟁터에 나가 모두 나라에 뛰어난 공을 세웠다.

## ♣ 함께 생각하기

　신석기 시대의 씨족사회에서는 20세가 되기 이전까지 성인이 되기 위한 일정한 교육을 받았습니다. 교육 내용은 씨족사회에서 지켜야 할 규칙이나 사냥할 때 무기를 다루는 법 등이었습니다. 이것이 삼국 시대로 내려오면서 교육기관으로 정착되었습니다.

　고구려에는 '경당'이라는 곳에서 일반 백성의 자제들에게 공부를 시켰습니다. 신라에는 '화랑도'가 있었는데, 이것은 주로 귀족의 자제들을 교육시키는 제도였습니다. 또한 유교가 들어오면서 고구려와 신라에는 '태학'이라는 교육기관이 설치되었습니다. 백제에도 이와 비슷한 기관에서 유학을 가르쳤습니다.

　한편 신라의 화랑들은 원광 법사의 '세속오계'를 수행의 덕목으로 삼았습니다. 즉 '사군이충·사친이효·교우이신·임전무퇴·살생유택'이 그것입니다.

# 2 양지 스님

## 지팡이 혼자 날아다니며 시주를 하다

양지 스님은 신라 선덕 여왕 때 사람으로, 그 조상이나 고향에 대해서는 자세히 밝혀지지 않았다. 여러 가지 신기한 재주가 많았는데, 특히 날아다니는 지팡이 이야기는 잘 알려져 있었다.

스님들은 대개 지팡이를 가지고 다녔다. 그 손잡이 윗부분에는 쇠로 만든 고리가 달려있어, 그것을 짚고 걸을 때마다 딸랑딸랑 소리가 들렸다. 그것을 흔히 '석장'이라고 했다.

그런데 양지 스님은 신통한 재주를 가지고 있어서, 동네로 시주[1]를 다닐 때 직접 가지 않았다. 몸은 절에 앉아 있으면서 날아다니는 지팡이만 보내 시주를 해오곤 했다.

양지 스님은 자신이 짚고 다니는 석장 끝에 삼베 자루를 매달아 놓았다. 그 석장이 저 혼자 날아가 마을 집집마다 돌아다니며 대신 시주를 해오는 것이었다. 집 대문 앞에서 석장 손잡이 부분에 달린 쇠고리가 딸랑딸랑 울리면, 사람들은 양지 스님의 석장이 온 줄 알고 뒷박에 곡식을 퍼 담아 가지고 나와 삼베 자루에 담아주었다.

석장은 집집마다 돌아다녀 삼베 자루가 다 차면 저 혼자 날아서 절로 돌아가곤 했다. 이렇게 석장이 시주를 한다고 하여 양지 스님

---

1 시주(施主) : 자비심으로 아무런 조건 없이 절이나 승려에게 물건을 베풀어주는 일.

이 기거하는 절 이름까지도 '석장사'라 불렸다.

양지 스님은 이러한 신통력뿐만 아니라 글씨와 그림의 재주도 놀라웠고, 불상이나 탑도 잘 만들었다. 영묘사의 장육존상과 천왕상, 천왕사 탑 밑의 팔부신장, 범림사의 주불삼존과 좌우 금강신 등은 모두 그의 작품이었다. 또한 그는 영묘사와 범림사의 현판 글씨도 직접 썼다. 벽돌에 그림을 새겨 작은 탑을 만들고, 그 탑 안에 자신이 만든 3,000개의 불상을 모셔두기도 했다.

양지 스님은 이처럼 재주가 뛰어나 늘 할 일이 많아 바빴기 때문에, 할 수 없이 석장을 시켜 대신 시주를 해오게 했던 것이다.

양지 스님이 영묘사의 장육존상을 만들 때의 일이었다. 이때 사람들은 서로 다투어 쌀을 시주했는데, 그것을 다 모으니 2만 3천 7백 석이나 되었다. 그리고 돈도 없고 쌀도 없는 사람들은 스스로 나와 찰흙 운반하는 일을 거들었다.

이때 양지 스님은 땀을 흘리며 자신을 도와주는 사람들을 위하여 다음과 같은 노래를 지어 부르게 했다.

'오다, 오다, 오다, 오다,
인생은 서러워라.
서러워라 우리들은,
공덕을 닦으러 오다.'

길게 늘어선 사람들은 이 노래에 맞추어 찰흙을 옆 사람에게서 다시 옆 사람에게 옮기는 식으로 일을 했다. 그래서 찰흙이 영묘사까지 옮겨지면, 양지 스님은 그것을 빚어 장육존상을 만들었다.

이때 '오다'라는 말은 세상에 태어났다는 뜻이고, '서러워라'는 병들고 늙고 죽고 이별하는 인생의 괴로움을 뜻하는 말이었다. 모두가 부처님을 모시는 공덕을 닦음으로써 괴로움에서 벗어날 수 있다는 뜻을 담고 있는 노래였다.

　그 이후부터 사람들은 힘든 일을 할 때마다 양지 스님이 지어준 노래를 부르곤 했다. 방아를 찧거나 둑을 쌓을 때, 즉 여러 사람이 모여 일을 할 때면 이 노래를 부르면서 시름을 잊었던 것이다.

## ♣ 함께 생각하기

시주는 불교 신자들이 스님이나 절에 곡식이나 금전을 보내 공양을 해결토록 하고, 절의 살림에 보탬이 되도록 하는 것을 말합니다. 옛날에는 스님들이 등에 바랑을 짊어지고 마을로 돌아다니며 시주를 했는데, 그런 행위를 '탁발'이라고 했습니다.

'탁발'의 '발'은 스님들이 음식을 담는 '발우'란 나무로 된 그릇을 말합니다. 따라서 '탁발'이란 말에는 스님들이 시주를 하여 얻은 음식을 담는 그릇에 목숨을 기탁한다는 뜻이 담겨 있습니다.

그래서 시주를 하는 스님들을 '탁발승'이라고도 했는데, 우리나라에서도 전통적으로 탁발을 하는 스님들이 많았습니다. 그러나 현대에 와서 가난에 시달리는 사람들이 간혹 탁발로 생계를 삼아 사이비 스님 노릇을 하게 되자, 대한불교조계종 등에서는 모든 승려의 탁발 행위를 금지시키기도 했습니다.

# 3 원효 대사

## 요석 공주와 결혼해 설총을 낳다

원효 대사의 성은 '설씨'로, 압량군 남쪽 불지촌에서 태어났다.

어머니가 원효 대사를 잉태했을[1] 때 별똥별이 품 안으로 들어오는 꿈을 꾸었다. 그리고 만삭의 몸으로 길을 가다가 갑자기 진통이 와서 길가 밤나무 숲으로 들어갔다. 같이 가던 아버지가 너무 급한 나머지 입고 있던 비단옷을 벗어 나뭇가지에 걸쳐 가린 후, 그곳에서 아기를 낳게 했다. 이때 하늘에서 오색구름이 내려와 땅을 덮었다. 신라 진평왕 39년의 일이었다.

당시 원효 대사가 태어난 그 밤나무를 '사라수'라고 부르고, 그 알밤이 아주 굵었기 때문에 '사라율'이라 이름 지었다. 알밤이 얼마나 크던지 한 개가 웬만한 그릇에 가득 찰 정도였다.

어렸을 때 원효 대사의 이름은 '서당'이었는데, 집에서는 '신당'이라 즐겨 부르기도 했다. 어려서부터 스승 없이도 독학으로 공부를 할 정도로 총명했다. 29세 때 출가를 하고 난 뒤에는 자기 집을 절로 만들고, 그 이름을 '초개사'라 지었다. 또 자신이 태어난 그 밤나무 옆에도 절을 지어 '사라사'라 일컬었다.

처음 황룡사에 머물러 있던 원효 대사는 어느 때부턴가 열심히

---

1 잉태(孕胎)하다 : 아이를 배다. '임신'과 같은 말.

스승을 찾아 떠돌아다녔다. 영취산에 있는 낭지 스님과 흥륜사의 연기 스님, 반룡산에 있는 보덕 스님 등을 모두 스승으로 모셨다.

나이 34세 때 원효 대사는 같이 벗하여 공부하던 의상 대사와 함께 중국 당나라로 유학길에 올랐다. 압록강을 건너 요동에 이르렀을 때였다. 날이 어두워졌는데 그 부근에는 사람이 사는 집이 하나도 없었다. 할 수 없이 다 헐어버린 움집 같은 곳을 찾아들어가 잠을 잤다.

한밤중이 되었을 때 원효 대사는 목이 말라 잠에서 깨어났다. 캄캄한 어둠 속에서 더듬거려 보니 마침 물그릇이 손에 잡혔다. 그래서 그 물을 아주 맛있게 먹고 다시 잠이 들었다.

날이 밝아 길을 떠나려고 자리에서 일어난 원효 대사는 간밤에 마신 물이 생각나서 물그릇을 찾아보았다. 그런데 그 자리에는 물이 괴어 있는 해골만 있을 뿐 물그릇은 보이지 않았다.

원효 대사는 간밤에 자신이 해골 물을 마셨다는 생각이 들자, 역겨움을 못 이겨 그 자리에서 모두 토해버렸다. 그러면서 문득 그 순간에 깊은 깨달음을 얻었다. 간밤에 해골 물인 줄 모르고 마실 때는 아주 맛이 있었는데, 그것이 해골 물이라는 것을 알고 났을 때는 역겨워서 모두 토해버린 것이었다. 같은 해골 물인데 이처럼 다를 수 있는 것이 사람의 마음이었다.

"모든 것은 마음에 달려 있는 것이다. 부처님 말씀에 '온누리가 오직 마음뿐이니라' 하신 것을 어찌 깨닫지 못했던가?"

원효 대사는 혼잣소리로 이렇게 중얼거렸다.

이때 원효 대사는 '모든 것이 마음속에 있는데 당나라에 간들 무엇을 얻을 것인가'라고 생각하고, 유학을 포기한 채 신라로 되돌아왔다.

신라로 돌아온 원효 대사는 분황사에 머물면서 일반 백성들에게 불교를 전파하는 데 전력을 기울였다.

곧 원효 대사의 이름은 신라에 널리 알려졌다. 요석궁에 있는 공주까지도 그 명성을 알고 남몰래 흠모하고 있었다. 당시 요석 공주는 남편을 저세상에 보내고 혼자가 된 몸이었다.

어느 날 원효 대사는 거리에 나가 마치 미친 사람처럼 소리쳤다.

"누가 내게서 자루 없는 도끼를 빌리겠는가? 나는 하늘을 떠받칠 기둥을 찍으리라."

원효 대사의 이 같은 말은 마치 노래하는 것 같았다. 그러나 사람들은 그 뜻을 잘 이해하지 못했다.

그때 태종 무열왕은 원효 대사의 이야기를 듣고, 그 노래가 뜻하는 바를 금세 알아차렸다.

"스님이 필경 귀부인을 얻어 귀한 아들을 낳고 싶어 하는구나. 장차 나라에 큰 인물이 태어난다면 이보다 더 좋은 일이 어디 있겠느냐?"

요석 공주가 평소 원효 대사를 흠모하고 있다는 사실을 안 무열왕은 곧 신하를 불러 스님을 요석궁으로 안내하라고 했다.

신하는 곧 거리로 달려갔다. 그때 원효 대사는 일부러 연못에 빠져 옷을 흠뻑 적셨다.

신하는 어명이라고 말하며, 원효 대사를 요석궁으로 안내했다.

원효 대사는 젖은 옷을 말린다는 핑계로 요석궁에 오래 머물면서, 그곳에서 요석 공주와 얼마 동안 살았다.

곧 요석 공주에게는 태기가 있더니 열 달 만에 아기를 낳았는데, 그가 바로 원효 대사의 아들 '설총'이었다.

원효 대사는 이미 파계하여 설총을 낳은 뒤로 승복이 아닌 계속 다른 복장으로 바꿔 입고 떠돌며 스스로 '소성 거사'라 불렀다. 그는 그렇게 떠돌아다니다가 우연히 광대들이 가지고 노는 큰 바가지를 보았다. 그 형상이 진기했다[1].

원효 대사는 광대의 그 바가지의 형상을 따라 도구를 직접 만들어 '무애'라 이름을 짓고, 그것을 두드리며 가사를 지어 노래를 부르고 덩실덩실 춤을 추었다. 그 가사를 '무애가', 그리고 그 춤을 '무애춤'이라고 했다.

이처럼 원효 대사가 '무애춤'을 추면서 많은 촌락을 떠돌아다닌 것은, 불교를 교화[2]하는 하나의 방법이었다.

---

1 진기(珍奇)하다 : 진귀하고 기이하다.
2 교화(敎化) : 가르치고 이끌어 좋은 방향으로 나아가게 하다.

## ♣ 함께 생각하기

원시 시대부터 노래와 춤은 축제에서 **빼놓을** 수 없는 대표적인 놀이였습니다. 동예에는 10월에 열리는 '무천'이란 축제가 있었는데, 이 축제에서 춤은 아주 중요한 놀이였습니다. 또 부여의 축제인 '영고'의 경우도 북을 두드리며 장단에 맞춰 춤을 추었습니다.

이처럼 시대가 변천하면서도 노래와 춤은 축제의식의 주요 놀이에서 **빠지지** 않았습니다. 삼국 시대를 거쳐 통일 신라 시대로 넘어오면서부터 춤은 각기 성격에 따라 특색 있는 형태로 나타났습니다. '처용무'의 경우 처용설화와 관련이 있는 것으로, 궁궐에서 악귀를 내쫓기 위해 행해지던 가면극이었습니다. '상염무'는 왕이 포석정에 갔을 때 남산신이 나타나서 춘 것이라고 하는데, 이것 역시 악귀를 내쫓는 가면무였습니다. 그리고 원효가 스스로 '소성 거사'라 칭하며 불교를 전파하기 위한 수단으로 이리저리 촌락을 두루 돌아다니며 추었다는 '무애춤'는 불교적인 춤이라 할 수 있습니다.

# 4 의상 대사

## 신라에 중국의 화엄종을 전파시키다

의상 대사의 성은 김씨이고, 29세의 늦은 나이에 서라벌의 황복사에서 머리를 깎고 스님이 되었다. 그리고 나서 얼마 안 되어 불교 공부를 하기 위해 중국으로 유학을 떠났다.

마침 의상 대사는 벗 삼아 같이 공부를 하던 원효 대사와 함께 동행을 하게 되었다. 그러나 압록강을 건너 요동 지방에 이르렀을 때, 원효 대사는 움막처럼 생긴 묘지에 들어가 잠을 자다가 해골에 고인 물을 마신 후 깨달은 바 있어 신라로 돌아가 버렸다.

하는 수 없이 의상 대사 혼자서 요동 지방의 고구려 국경을 넘게 되었다. 이때 그는 국경을 지키던 고구려 군사에게 붙잡혔다.

고구려 군사들은 의상 대사를 적군의 첩자로 알고 수십 일간 감옥에 가두어 두었다. 겨우 풀려나기는 했으나 고구려 군사들이 국경을 넘지 못하게 하여, 의상 대사 역시 신라로 되돌아오고 말았다.

문무왕이 즉위하던 해인 661년 당시, 중국은 당나라 고종이 통치를 하고 있었다. 이때 마침 신라에 와 있던 당나라 사신이 본국으로 돌아간다는 소문을 들었다. 의상 대사는 당나라 사신이 본국으로 떠나는 배편을 이용하여 바다 건너 중국 땅을 밟을 수가 있었다.

당시 당나라의 종남산에 있는 '지성사'란 절에는 불교 종파의 하나인 화엄종을 이끄는 지엄 스님이 있었다. 의상 대사도 지엄 스님의 명성을 듣고 물어물어 지성사를 찾아가는 길에, 양주 땅에 잠시 머물렀다.

이때 양주 지사 유지인은 의상 대사가 보통 인물이 아님을 알아보고 극진히 우대했다. 마침 그럴 즈음 양주에서 가까운 종남산의 지성사에 있던 지엄 스님은 이상한 꿈을 꾸었다.

지엄 스님의 꿈속에 한 그루의 큰 나무가 보였다. 그 나무는 해동 땅에서 자라기 시작했는데, 그 가지와 이파리가 번성하더니 중국 땅을 다 덮는 것이었다. 그리고 그 나무 위에 봉황의 보금자리가 있어 올라가 보니, 한 개의 휘황찬란한 여의주가 멀리까지 빛을 발산하고 있었다.

"아무래도 보통 꿈이 아니로군!"

꿈에서 깨어난 지엄 스님은 곧 귀한 손님이 찾아올 것이라 짐작하고, 제자들에게 절 안팎을 깨끗이 청소하라 일렀다. 그리고 조용히 손님을 기다리고 있는데, 바로 그때 신라에서 한 스님이 왔다는 전갈을 받았다. 그 스님이 바로 의상 대사였다.

지엄 스님은 예의를 갖추고 나가 신라에서 온 의상 대사를 정중히 맞았다.

"내가 어젯밤 꿈을 꾸고 나서 귀한 손님이 올 줄 알았다. 바로 그대가 그 귀한 손님이로다."

지엄 스님은 미처 의상 대사가 자신의 스승이 되어달라는 간청[1]을 하기도 전에 먼저 제자로 삼겠다고 말했다.

이렇게 하여 지엄 스님의 제자가 된 의상 대사는 불교 경전의 하나인 화엄경을 연구하여, 그 오묘하고 깊은 뜻을 깨우쳤다. 지엄 스님은 화엄종의 제2조였으며, 따라서 그것을 전수받은 수제자 의상

---

1 간청(懇請) : 간절히 소원하는 바를 청하다.

대사는 화엄종의 제3조가 되었다.

화엄종의 교리를 완벽하게 깨우친 의상 대사는 당나라 고종 12년에 급히 서둘러 신라로 돌아왔다. 당시 나당 연합군으로 고구려를 물리친 후 신라군은 당나라군을 중국 땅으로 쫓아냈다. 그러자 당나라는 그에 대한 보복을 하기 위해 대군을 거느리고 신라 땅으로 쳐들어올 준비를 하고 있었다.

의상 대사는 이러한 사실을 알리기 위해 서둘러 신라로 돌아왔으며, 문무왕은 당나라 군사의 침략을 미리 대비하여 나라의 큰 위기를 모면할 수 있게 되었다.

문무왕 즉위 16년인 676년에 의상 대사는 태백산에 들어가 부석사를 창건했으며, 많은 제자를 두어 화엄경의 진리를 가르쳤다. 그 이후 원주의 비마라사, 가야의 해인사, 비슬의 옥천사, 금정의 범어사, 남악의 화엄사 등에서 화엄경을 전파하는 데 힘썼다.

# ♣ 함께 생각하기

삼국 시대, 특히 신라에서 법흥왕 이후 불교가 중흥했을 때 신라의 스님들은 불교 공부를 하기 위해 중국 유학을 많이 떠났습니다.

유학생의 경우 두 가지 부류가 있었습니다. 국가에서 선발해 보내는 '국비 유학생'과 개인적으로 중국에 건너가 공부하는 '사비 유학생'이 그것입니다.

국비 유학생의 경우 교통편의와 서적 구입비 등을 나라로부터 지급받았으며, 중국 체류 기간 동안의 양식과 주거 문제는 중국 측에서 제공받았습니다. 그러나 사비 유학생의 경우 자기 스스로 모든 것을 해결해야만 했습니다.

국비 유학생이 되려면 그 절차가 매우 까다로웠기 때문에 귀족들의 자제가 아니면 감히 엄두도 낼 수 없었습니다. 그래서 개인적으로 유학을 떠나는 스님들의 경우 고행을 하듯 걸어서 압록강을 건너 요동 지방을 거쳐 중국 땅으로 들어갔습니다. 그것도 아니면 중국 사신들이 떠나는 배나 상인들의 무역선을 얻어 타고 서해를 건너 중국 땅에 도착하곤 했습니다.

# 5 진표 율사

## 자신의 몸을 학대하여 도를 깨우치다

진표 율사는 신라 경덕왕 때 스님으로, 완산주[1] 만경현에서 태어났다. 12세 때 출가하여 금산사에서 숭제 법사를 스승으로 모시고 불경을 익혔다.

하루는 숭제 법사가 말했다.

"나는 오래 전에 당나라에 들어가 선도 삼장(경·율·논[2] 등을 잘 아는 스님)에게 불경을 배웠으며, 오대산에 들어가 수도를 할 때는 문수보살이 나타나 문득 깨달음을 주셨다."

진표 율사가 물었다.

"얼마나 공부를 하면 스님처럼 깨달음을 얻을 수 있겠습니까?"

"정성이 지극하면 1년을 넘지 않을 것이다."

스승의 이 같은 말에 용기를 얻은 진표 율사는 전국의 명산을 두루 돌아다녔다. 그러다가 마침내 선계산의 불사의암에 머물면서 도를 닦았다.

이때 진표 율사가 도를 닦는 방법은 아주 특이했다. 자신의 몸을 학대함으로써 깨달음의 경지에 이르고자 했던 것이다. 처음 7일 동

---

1 완산주 : 지금의 '전주'를 말한다.
2 경·율·논 : 불교에서는 석가모니 부처님의 말씀을 경(經), 윤리적 규범을 율(律), 말씀에 대한 해석을 논(論) 이라고 해서 경·율·논 세 가지를 '삼장(三藏)'이라고 한다.

안은 자신의 머리와 사지를 일부러 바위에 부딪쳤다. 이때 무릎과 팔뚝이 모두 부서지고 바위 낭떠러지로 많은 피가 흘러내렸다. 그러나 부처님으로부터 아무런 감응이 없자, 또다시 7일 동안 자신의 몸을 괴롭혀 마침내 지장보살로부터 깨달음을 얻었다.

이렇게 진표 율사가 14일 만에 깨달음을 얻었을 때, 그의 나이는 23세였다. 이미 깨달음을 얻었지만, 스님은 영산사로 들어가 처음과 같이 자기 몸을 괴롭혀 도를 닦는 일을 계속했다. 그러던 어느 날 이번에는 미륵보살이 나타나 길흉을 점치는 내용의 『점찰경』 두 권과 대쪽 189개를 주며 말했다.

"이 가운데서 여덟 번째 대쪽과 아홉 번째 대쪽은 내 손가락뼈로, 새롭게 얻은 오묘한 진리를 뜻하는 것이다. 그리고 나머지는 모두 침향과 단향나무로 만들었는데, 이 세상 모든 괴로움을 뜻하는 것이다. 그대는 이것을 가지고 세상에 불법을 전하고, 사람들을 구제하는 도구로 삼으라."

미륵보살로부터 귀중한 선물을 받은 진표 율사는 그 후 금산사에 머물면서 해마다 제단을 만들어 부처님을 모시고 대법회를 열어 많은 사람들에게 불법을 전했다.

어느 날 진표 율사가 금산사를 떠나 속리산으로 갈 때였다. 우연히 소달구지를 타고 가는 사람과 만났는데, 갑자기 달구지를 끌던 소가 스님 앞에 무릎을 꿇고 우는 것이었다. 달구지를 타고 있던 사람이 깜짝 놀라 스님에게 물었다.

"스님은 어디서 오시는 길입니까? 그리고 무슨 까닭으로 이 소가 스님을 보고 우는 것입니까?"

"나는 금산사에서 오는 길이오. 나는 일찍이 변산 불사의암에 들어가 미륵과 지장 두 보살에게서 깨달음을 얻었소. 이 소는 어리석은 듯하지만 사실은 현명합니다. 내가 깨달음을 얻은 스님인 줄 안 소는 불법을 소중히 여기기 때문에 무릎을 꿇고 우는 것입니다."

진표 율사가 대답했다.

"짐승도 이처럼 신앙심이 두터운데 하물며 사람인 제가 어찌 무심할 수 있겠습니까?"

달구지를 끌던 사람은 갑자기 낫을 빼어 자신의 머리털을 싹둑 잘랐다. 진표 율사는 그의 머리를 깎아주고 제자로 삼았다. 이들은 곧 속리산으로 들어가 길상초가 난 곳을 보고, 그 자리를 표시해두었다.

속리산에 있던 영심 스님을 비롯한 융종·불타 등 세 스님은, 진표 율사가 온다는 소식을 듣고 곧 길상초가 있는 곳으로 찾아왔다.

"저희들은 천리 길을 멀다 하지 않고 이렇게 찾아왔습니다. 저희들에게 부디 부처님의 가르침을 깨닫게 해주십시오."

이렇게 세 스님이 엎드려 간절히 빌었으나, 진표 율사는 아무런 대답도 하지 않았다.

그때 세 스님은 벌떡 일어나더니 바로 옆에 있는 복숭아나무 위에 올라가 거꾸로 떨어짐으로써 그들의 결심을 보여주었다. 그때서야 진표 율사는 자신이 옛날 미륵보살에게서 받았던 『점찰경』 두 권과 189개의 대쪽을 그들에게 주었다.

"내가 이제 이것들을 그대들에게 맡기는 것이니, 이것을 가지고 이 길상초가 난 자리에나 절을 세우도록 하라. 그리고 널리 세상을 인도하고, 후세에 불법을 전하도록 하라."

진표 율사의 이 같은 말을 듣고 나서, 영심 등 세 스님은 그 자리에 절을 세웠다. 절의 이름을 '길상사'하고 했다.

## ♣ 함께 생각하기

흔히 종교인들은 자기의 몸을 괴롭히는 행위를 통해 정신수양을 함으로써 깨달음을 얻고자 하는 경우도 있습니다. 이것을 '고행'이라고 합니다. 옛날뿐만 아니라 지금도 흔히 종교인들이 일종의 '기도행위'로 곡기를 끊는 '단식'을 하는 것을 볼 수 있습니다.

진표 율사가 일부러 자기 몸을 바위에 부딪쳐 깨달음을 얻고자한 것도 일종의 '고행'입니다. 원래 고행은 몸을 깨끗이 하고 마음을 굳세게 하기 위해 결행하는 수행이라고 할 수 있습니다.

옛날부터 전해 내려오는 고행의 방법으로는 가장 일반적인 것이 찬물 목욕이나 단식 등이라고 할 수 있습니다. 그리고 어려운 것은 불속에 자신의 몸을 던지는 것, 가시나무 위에 눕는 것 등이 있습니다.

작가 김동리의 단편소설 「등신불」은 불교의 '고행'을 다룬 대표적인 작품이라고 할 수 있습니다. 자기 몸을 불태우는 '소신공양'을 통해 깨달음을 얻는다는 이야기입니다. 이때 스님의 타다 굳어진 몸에 그대로 금물을 입힌 특유한 내력의 불상을 '등신불'이라고 합니다.

# 6 법해 스님

## 바닷물을 움직여 임금을 놀라게 하다

신라 제35대 경덕왕 12년 여름이었다.

경덕왕은 황룡사에 머물고 있는 법해 스님의 신통력이 대단하다는 소문을 듣고 신하들을 불러 말했다.

"대현 스님 버금가는 신통력을 가진 스님이 있다고 들었다. 그 스님을 불러 화엄경 강연회를 열도록 하라."

"예, 그 스님을 곧 불러오겠습니다."

신하들은 어명을 받들고 황룡사로 가서 법해 스님을 궁궐로 모셔왔다.

경덕왕은 화엄경 강연회를 열기 전에 법해 스님에게 말했다.

"작년 여름에 대현 스님이 금강경을 강연하다가 가뭄으로 바짝 마른 우물에서 일곱 길이나 샘물이 솟아나게 하였소. 법해 스님의 법력은 과연 어떠한지 궁금하오."

그러자 법해 스님은 조용히 미소를 지으며 대답했다.

"법력이랄 것도 없습니다. 그러한 일들은 아주 사소한 것이기 때문에 자랑할 바가 못 됩니다. 하지만 대왕께서 원하신다면 지금 바로 바닷물을 기울여 토함산을 무너뜨리고 서라벌 장안을 떠내려가게 할 수도 있습니다."

경덕왕은 법해 스님의 말이 너무도 엄청나서 믿으려고 하지 않았다.

법해 스님은 화엄경 강연회를 시작하기 전에 잠시 향로[1]를 받든 채 눈을 감고 앉아 있었다.

경덕왕은 왜 저러고 있나 궁금하지 않을 수 없었다. 바로 그때였다. 갑자기 궁궐 안에서 떠들썩한 소리가 들리고, 궁궐 문을 지키던 수비대장이 새파랗게 질린 얼굴로 뛰어 들어왔다.

"크, 큰일 났습니다. 동쪽 못이 넘쳐서 궁궐의 안채 50여 간이 물에 떠내려갔습니다."

경덕왕은 깜짝 놀라 그저 멍하니 법해 스님 얼굴만 쳐다보았다.

"지금 동해가 기울어지려고 땅속의 수맥이 먼저 불어 넘친 것입니다."

법해 스님의 말에, 경덕왕은 자기도 모르는 사이에 일어나 부처님을 향해 절을 올렸다.

그 이튿날 동해 바닷가에 있는 감은사에서 어떤 전갈이 왔는데, 신하가 그것을 경덕왕에게 전했다.

"어제 정오에 바닷물이 넘쳐 올라 법당 뜰 앞까지 들어왔다가 해질녘에 빠져나갔다고 합니다."

경덕왕은 다시 한 번 법해 스님의 신통력에 놀라지 않을 수 없었다.

---

1 향로(香爐) : 향을 사르는데 사용하는 기구.

## ♣ 함께 생각하기

경덕왕 때 법해 스님이 신통력을 발휘해 동해의 바닷물을 기울게 했다는 것은 신화입니다. 가뭄을 해결할 방법을 구할 길이 없다보니, 임금은 답답한 마음을 종교의 힘을 빌려 해결하고 싶었을 것입니다.

실제로 옛날에 가뭄이 들면 백성들은 임금들의 덕이 부족한 탓이라고 여겼습니다. 그리하여 백성들의 원망이 빗발치니 임금은 하늘에서 비가 내리길 비는 기우제를 지내기도 했습니다.

농사를 지으려면 물이 절대적으로 필요합니다. 처음 농사를 시작하던 시대에는 그저 하늘에서 비가 내리기만을 기다렸습니다. 그러한 논을 '천수답'이라고 합니다.

그러다가 가뭄 때문에 큰 고통을 겪게 되면서 저수지를 만들어 미리 물을 저장해 두었다가 가뭄이 계속될 때 물을 대어 농작물이 타죽지 않게 하는 지혜가 나오게 되었습니다. 신라에는 삼한 시대 때 만들어 농사에 이용하는 저수지가 많았습니다. 그 대표적인 것으로 김제의 '벽골제'와 밀양의 '수산제', 제천의 '의림지'를 들 수 있다. 이를 3대 저수지라고 합니다.

원효대사

■ 제5권 신주 제6

# 1 밀본 법사

## 귀신을 쫓아내 병을 낫게 하다

신라 제27대 선덕 여왕 때 밀본 법사는 귀신을 쫓는 스님으로 유명했다.

선덕 여왕이 병에 걸려 오랫동안 낫지 않았다. 흥륜사의 승려 범척이 임금에게 불려가 병을 치료했으나 오래도록 효과가 없었다.

당시 밀본 법사의 덕행이 온 나라에 알려져 있었다. 마침내 신하들이 주청하여 그를 궁궐로 불러들였다.

밀본 법사는 궁궐에 들어와 왕의 침실 밖에서 '약사경'을 읽었다. 그 순간 그가 들고 다니는 지팡이인 '육환장'이 침실 안으로 날아들었다. 곧 육환장은 저 스스로 늙은 여우 한 마리와 승려 범척을 찔 침실 밖으로 끌어내더니, 그들을 뜰에 거꾸러뜨렸다.

그러고 나서 임금의 병이 씻은 듯이 나았다. 이때 밀본 법사 이마 위에 신비스런 빛이 어렸다. 그것을 본 사람들이 모두 놀라워했다.

또 하나 밀본 법사가 귀신을 쫓아낸 일이 있었다. 승상 김양도가 어릴 때의 이야기였다.

어린 김양도는 어느 날 갑자기 입이 붙고 몸이 굳어져, 말도 못하고 손과 발을 놀릴 수가 없었다. 그는 서너 살 때부터 영특한데다 신통력까지 갖고 있어 귀신을 볼 줄 알았다.

어린 양도가 가만히 보니, 큰 귀신 하나가 작은 귀신을 데리고 와서 집안에 있는 음식을 모조리 맛보는 것이었다. 그 귀신들 때문에 자신이 몹쓸 병에 걸린 것이라 생각했지만, 어린 양도는 말을 할 수가 없었기 때문에 그저 답답하기만 했다.

양도의 아버지는 무당을 데려다 굿을 해보았다. 그러자 귀신들은 굿을 하려고 온 무당을 향해 온갖 욕설을 퍼부었다. 무당도 귀신들이 무서워 도망가고 말았다.

할 수 없이 양도의 아버지는 법류사의 이름 없는 중을 불러 불경을 읽도록 했다. 그런데 중이 불경을 읽기 시작하자마자 큰 귀신이 나타나 작은 귀신에게 명령했다.

"쇠망치로 저 돌중의 머리를 쳐라."

작은 귀신이 명령대로 쇠망치를 휘두르자, 중은 그 자리에서 피를 토하고 죽었다.

큰 시름에 잠겨 있던 양도의 아버지는 어디선가 밀본 법사의 이야기를 들었다.

"밀본 법사는 신통력이 대단하여 귀신을 쫓는다고 들었다. 전에 선덕 여왕에게 붙었던 요귀도 밀본 법사가 혼찌검을 내어 쫓아버렸다고 하더라. 어서 빨리 수소문하여 밀본 법사를 불러오너라."

양도의 아버지는 하인들에게 명령을 내렸다.

사방으로 흩어져 밀본 법사의 행방을 찾던 하인들이 마침내 돌아와 주인에게 보고했다.

"지금 밀본 법사가 우리의 청을 받아들여 이곳으로 오고 있는 중입니다."

그런데 마침 이 말을 엿들은 귀신들이 기겁을 하여 저희들끼리 수군거렸다.

"밀본 법사가 오면 우리가 당해내지 못할 것이니, 도착하기 전에 도망가는 것이 좋겠습니다."

겁에 질린 작은 귀신이 이렇게 말하자, 큰 귀신이 짐짓 태연을 가장하여 거드름을 피웠다.

"너무 겁먹지 마라. 밀본이 아무리 신통력이 있다고는 하나, 감히 나를 상대할 수 있겠느냐?"

이렇게 귀신들이 떠들고 있을 때, 갑자기 사방에서 힘이 장사인 역신들이 나타나 귀신들을 꼭꼭 잡아 묶었다. 그리고 그 뒤를 이어 수많은 천신이 나와 두 손을 모으고 누군가를 기다렸다. 잠시 후 나타난 사람은 바로 밀본 법사였다.

이처럼 뒤늦게 도착한 밀본 법사가 채 불경을 읽기도 전에 어린 양도의 병은 씻은 듯이 나았다. 금세 붙어버렸던 입을 벌려 말을 하고 팔과 다리를 자유자재로 움직이는 것이었다.

그때 양도는 밀본 법사의 신통력에 감탄했다. 그 이후부터 그는 독실한 불교 신자가 되었다. 나중에 커서 승상이 된 후에는 흥륜사에 미륵상과 좌우보살상을 만들고, 금색 벽화를 그려 넣는 등 일생 동안 부처님을 받드는 일에 정성을 다했다.

## ♣ 함께 생각하기

　삼국 시대에는 의술이 별로 발달되지 않았기 때문에 원시적인 무속 신앙이나 불교와 같은 종교의 힘에 의지하려고 했습니다. 간혹 중국에서 들어온 의술에 의존했으나, 독자적으로 의학을 발전시키는 단계까지 나가지는 못했습니다.

　삼국 시대에는 흔히 가족이 병을 앓아 죽으면 지금껏 살던 집을 버리고 새집으로 이사를 했습니다. 이것은 전염병에 걸려 죽었을 경우에 남은 가족들에게도 병균이 옮겨 다 죽게 될 것을 우려하여 생긴 풍습이라 할 수 있습니다.

　산에서 자라나는 풀잎이나 풀뿌리 같은 것을 가져다 달여 먹고 병을 고치는 민간요법도 전수되어 왔는데, 이것도 오랜 경험에 의한 지식이었다고 말할 수 있습니다. 그것이 한방의 기초가 되었던 것은 사실이나, 조선 시대에 와서 허준의 『동의보감』이 나오기 전까지는 체계화된 치료술이 발달되지 못했습니다. 그래서 당시 의술이나 약으로 안 될 때는 대부분 무당을 불러 굿을 하거나, 스님에게 불경을 읽도록 하는 방법으로 환자들의 심신을 안정시켜주는 것이 고작이었습니다.

## 2 혜통 스님

### 콩으로 용을 쫓아내다

혜통 스님의 성은 석씨였으며, 출가하기 전에는 남산의 서편 은천 골짜기 어귀[1]에 살았다. 어느 날 그는 집 근처의 시냇가에서 놀다가 수달 한 마리를 잡아 죽이고, 그 뼈를 동산에 내다 버렸다. 이튿날 다시 동산에 가보았더니 수달의 뼈가 사라지고 없었다. 피를 흘린 흔적이 있어 따라가 보았다. 그런데 수달의 뼈는 자기가 살던 굴로 들어가 다섯 마리의 새끼를 낳았다. 그 광경을 보고 수달의 생사를 초월한 새끼 사랑에 감탄해마지 않다가, 그는 문득 깨달은 바 있어 집을 나와 스님이 되었다.

혜통 스님이 당나라로 유학을 갔을 때, 무외삼장이라는 유명한 스님을 찾아가 제자가 되기를 청했다.

"동방 오랑캐 따위가 어찌 불도를 닦으려 드는가?"

무외삼장 스님은 단 한 마디로 거절했다.

그러나 혜통 스님은 도저히 물러나올 수가 없었다. '동방 오랑캐'라는 말을 들었지만 그는 결코 기분 나빠하지 않았다. 그것은 무외삼장 스님이 그를 시험해보기 위해 한 말이라고 생각했던 것이다.

---

1 어귀 : 드나드는 입구. 초입.

혜통 스님은 그 후 2년 동안 무외삼장 스님 곁에서 시중을 들었다. 그래도 제자로 받아주지 않았다.

마침내 혜통 스님은 분한 생각에 들어 화로[1]를 머리에 이고 서 있었다. 잠시 후 정수리가 터지면서 '우르릉, 쾅'하는 천둥소리가 들렸다.

무외삼장 스님은 그 소리에 깜짝 놀라 얼른 혜통 스님의 머리 위에 얹힌 화로를 빼앗아 내려놓았다. 그러고는 터진 정수리를 쓰다듬어 주면서 부처님께 기도를 드렸다.

혜통 스님의 터진 정수리는 곧 아물었으나 흉터가 남았다. 그런데 그 흉터가 묘하게도 임금 '왕' 자처럼 생겨서, 그때부터 '왕화상'이라는 별명이 생겼다.

무외삼장 스님은 그때서야 혜통 스님이 보통 인물이 아님을 알아보고 정식 제자로 받아들였다.

혜통 스님은 열심히 불법을 익혔다. 무외삼장 스님은 누구보다 그를 아꼈으며, 자신의 불법 전수자로 삼아 온갖 비법을 가르쳐 주었다.

그러던 어느 날 당나라 황실에서는 공주가 이름 모를 병에 걸렸다. 병이 날로 깊어지자 황제는 신하를 시켜 도력이 높다고 소문난 무외삼장 스님을 불러오게 했다.

"내가 갈 필요도 없겠다. 혜통, 네가 갔다 오거라."

무외삼장 스님은 자기대신 수제자인 혜통 스님을 보냈다.

스승의 명을 받은 혜통 스님은 흰콩 한 말과 검은콩 한 말을 은그릇에 담아가지고 황실로 갔다.

---

1 화로(火爐) : 숯불을 담아놓는 그릇.

혜통 스님은 직접 환자도 보지 않은 채 혼자 방 안에 앉아 흰콩을 앞에 놓고 주문을 외기 시작했다. 그때 갑자기 흰콩이 흰 갑옷을 입은 군사로 변하여 공주를 병들게 한 병마[1]와 싸웠다. 그런데 흰 갑옷을 입은 군사는 병마를 이겨내지 못했다.

그러자 혜통 스님은 검은콩을 놓고 주문을 외기 시작했다. 그러자 검은 갑옷을 입은 군사가 나와 흰 갑옷의 군사를 도와 병마와 싸웠다. 이렇게 흑백의 두 군사가 한꺼번에 덤비자 병마는 더 이상 견디지 못하고 본래의 모습을 드러내었다. 그 병마는 붉은 용이었는데, 흑백의 군사에게 쫓겨 어디론가 도망가고 나자 공주의 병을 씻은 듯이 나았다.

혜통 스님의 도술에 쫓겨난 용은, 원한을 품고서 보복을 하기 위해 신라 땅으로 건너갔다. 용이 병마로 변하여 신라의 백성들을 마구 괴롭혔다.

그때 마침 당나라에 사신으로 온 정공이 혜통 스님을 찾아와 말했다.

"스님께서 쫓으신 용이 우리 신라 땅에 와서 난동을 부리고 있습니다. 어서 빨리 가셔서 용을 퇴치시키십시오."

혜통 스님은 정공과 함께 급히 신라로 돌아와 용을 쫓아냈다.

이때 붉은 용은 혜통 스님을 신라로 데리고 온 정공에게 원한을 품었다.

용은 버드나무로 변하여 정공의 집 대문 밖에 새싹으로 돋아났다. 그 버드나무는 무럭무럭 자라났다.

한편 용이 변신하여 버드나무가 된 줄 모르는 정공은 나무 잎사

---

1 병마(病魔) : 사람이 앓는 병을 악마에 비유하여 이르는 말.

귀가 짙푸르게 무성해지자 아주 좋아했다.

　세월이 흘러 신문왕이 죽고 효소왕이 즉위하였을 때였다. 효소왕은 신문왕의 능묘를 만들고 장례 행렬이 지나갈 수 있는 길을 닦았다. 그런데 하필이면 그 길이 정공의 집 앞으로 지나가게 되어 있었다.

　능묘를 만들고 길을 닦는 책임을 맡은 관원은 정공에게 집 앞의 버드나무를 베지 않으면 안 된다고 말했다.

　그러자 정공은 화가 나서 소리쳤다.

　"차라리 내 목을 벨지언정 이 나무는 절대로 베지 못한다."

　관원은 이 사실을 효소왕에게 그대로 보고했다.

　"정공이 왕화상의 도술만 믿고 감히 어명까지 무시하는구나? 당장 그 자를 끌어다 목을 베어라!"

　효소왕의 추상[1] 같은 명령이 떨어졌다.

　곧 정공의 목이 베어졌고, 버드나무는 물론 그의 집까지 완전히 헐려버렸다. 버드나무로 변신한 용이 그런 식으로 정공에게 앙갚음을 한 것이었다.

---

1 추상(秋霜) : 가을의 찬 서리. 여기서는 '매우 엄격하면서도 무서운'의 뜻으로 쓰였음.

## ♣ 함께 생각하기

왕릉의 경우 선사시대에는 고인돌이 널리 유행했으나, 삼국 시대에 들어오면서부터는 석총과 토총의 두 가지 형태로 정착되었습니다. 석총은 돌을 피라미드 형태의 계단식으로 쌓아올린 무덤을 말하며, 토총은 돌로 시체를 안치하는 방을 만든 후 그 위에 흙을 산봉우리처럼 쌓아올린 형태를 말합니다.

고구려의 경우 장군총이 대표적인 석총이며, 토총으로는 벽화로 유명한 쌍영총이 있습니다.

백제의 경우도 고구려와 비슷한 형태를 취한 석총과 토총의 유적이 남아 있습니다. 특히 백제에서는 벽돌을 터널식으로 쌓은 벽돌무덤이 새롭게 등장했는데, 그 대표적인 것이 무령왕릉입니다. 이 무덤도 외부는 흙을 산 모양으로 쌓아올린 토총에 속합니다.

신라의 경우 토총이 특히 발달하여 경주에 가면 여기저기 산처럼 보이는 능의 모습을 쉽게 발견할 수 있습니다. 이러한 능들도 내부에는 돌로 벽을 쌓아 방을 만들었는데, 그 대표적인 것이 금관총과 천마총입니다.

그런데 신라가 삼국을 통일 한 이후에는 시체를 불에 태워 그 뼈를 땅에 묻는 화장이 유행하기도 했습니다. 문무왕은 자신을 화장하여 그 뼈를 동해 바닷가에 장례지내 수중릉을 만들라는 유언을 남기기도 했습니다. 그 이후 효성왕 등 여러 왕들이 화장을 하라고 유언했습니다. 당시 이처럼 화장이 유행한 것은 불교가 성행하여 스님들 다비식에서 영향을 많이 받은 것으로 추측됩니다.

천마총의 말 장식에 그려진 '천마도'

■ 제5권 감통 제7

# 1 경흥 스님


## 말 타고 가다 문수보살에게 혼쭐나다


신문왕 때의 국사인 경흥 스님은 성이 '수씨'였다. 18세에 출가하여 불교 경전을 모두 통달함으로써 당대에 그 명성이 드높았다.

문무왕은 세상을 떠날 때, 다음 대를 이을 태자(신문왕)를 앉혀놓고 다음과 같이 당부했다.

"경흥 법사는 국사가 될 만한 인물이니 나라의 어려운 일이 있을 때 그와 의논하라."

그래서 신문왕은 즉위하자마자 경흥 스님을 국사로 삼고, 삼랑사에 머물게 했다.

국사가 된 경흥 스님은, 그러나 중요한 직책[1]을 맡았는데도 불구하고 병이 나서 궁궐 출입조차 할 수 없게 되었다. 그때 한 여승이 나타나 말했다.

"화엄경에 보면 '착한 벗이 병을 고쳐준다'고 나와 있습니다. 지금 스님의 병은 근심으로 해서 생긴 것이니, 기쁘게 웃으면 깨끗이 나을 것입니다."

이렇게 말하고 여승은 자신의 얼굴을 열한 가지 모습으로 바꾸어 우스꽝스러운 춤을 추었다. 그 모습을 본 경흥 스님은 턱이 다 빠

---

1 직책(職責) : 직무상의 책임.

져나갈 듯이 웃었다. 그러고 나서 자기도 모르는 사이에 깨끗이 병이 나았다.

경흥 스님의 병이 나은 것을 확인한 여승은 삼랑사 남쪽에 있는 남항사로 가서 숨어버렸다. 삼랑사 스님들이 곧바로 그 뒤를 쫓아갔다. 그러나 여승은 어디론가 자취도 없이 사라지고, 짚고 있던 지팡이만 달랑 새로 그린 불화인 11면 관음보살상 앞에 놓여 있었다.

삼랑사 스님들은 바로 관음보살상 그림이 여승으로 현신하여 경흥 스님의 병을 낫게 해준 것이라고 믿었다.

경흥 스님의 병이 다 나았다는 소식을 들은 신문왕은 매우 기뻐하며 궁궐로 불렀다. 어명을 받은 신하들은 극진히 국사를 모셔왔다.

국사가 궁궐에 들어가 신문왕을 만나고 있는 동안 신하들은 동문 밖에 호화스럽게 치장한 말을 대기시켜놓았다. 말안장이며 신이며 갓이 너무 화려하여 사람들이 조심스럽게 비켜갈 정도였다.

그때 마침 몸에는 누더기 옷을 걸치고, 손에는 지팡이를 짚고, 등에는 광주리를 짊어진 거사 한 명이 말 타는 장소에 와서 털썩 주저앉았다. 그곳에 모인 사람들은 모두들 고개를 돌려버렸다. 어디선가 몹시도 지독한 비린내가 풍겨왔던 것이다. 거사의 광주리를 들쳐보니, 그곳에 생선 말린 것이 들어 있었다.

궁궐에서 국사가 나오기를 기다리던 신하들은 등에 생선 광주리를 멘 거사를 향해 큰소리로 꾸짖었다.

"너는 스님의 복장을 하고 어찌하여 깨끗하지 못한 물건을 가지고 다니느냐?"

그러자 거사가 대답했다.

"살아 있는 고기를 두 다리 사이에 끼고 다니는 중도 있는데, 죽어서 세 번이나 팔린 마른 고기를 지고 있는 것이 무엇이 나쁘단 말이오?"

말을 마친 거사는 곧 일어나 어디론가 휘적휘적 걸어갔다. '살아 있는 고기를 두 다리 사이에 끼고 다닌다.'는 것은 곧 '말을 탄다.'는 뜻으로, 국사인 경흥 스님을 비웃고 있는 것이었다.

마침 그때 경흥 스님이 궁궐 문을 나서다가 그 말을 듣고, 얼른 신하들에게 거사의 행방을 알아보게 했다.

신하들이 따라가 보니 거사는 남산 문수사 문밖에 이르러 광주리를 버린 채 자취도 없이 사라져버렸다. 자세히 살펴보니 광주리에 담긴 것은 마른 생선이 아니라 바로 소나무 껍질이었다. 그리고 거사가 짚고 다니던 지팡이는 문수보상살 앞에 놓여 있었다.

신하들은 눈으로 본대로 경흥 스님에게 와서 고했다.

"아아, 문수보살이 손수 오셔서 내가 화려한 말을 타고 다니는 어리석은 행동을 깨우쳐주셨구나."

경흥 스님은 이렇게 자신을 한탄했다.

그 후부터 경흥 스님은 말을 타지 않았으며, 호화스러운 치장이나 옷차림을 삼갔다.

## ♣ 함께 생각하기

삼국 시대에는 교통수단으로 흔히 말을 사용했습니다. 또한 여러 사람이 이용할 수 있는 것으로 육상에선 말을 이용한 마차가, 해상에선 배가 주요 교통수단으로 이용되었습니다. 그 이외에 소를 이용한 우차와 수레도 활용했습니다.

말은 신라의 기마형토기와 고구려의 고분 벽화에서 그 모습을 찾아볼 수 있습니다. 배의 형태는 주형토기를 통해 유추해 볼 수 있습니다. 실제로 1975년 경주 안압지에서 발굴된 배를 통해 당시의 실물 크기를 짐작할 수 있습니다.

그리고 마차·우차·수레 등의 실물 모습은 고구려의 쌍영총 벽화와 덕흥리 고분 벽화에서 볼 수 있습니다. 또한 사람이 메고 다니는 가마도 교통수단의 하나라고 할 수 있는데, 고구려의 안악3호분 벽화에는 남녀가 각각 호화로운 가마에 앉아 있는 모습이 나옵니다. 신라의 기와에는 '바퀴달린 연'이라 해서 좌우에 구슬로 꿰어 만든 발이 늘어져 있는 왕이 타던 가마 비슷한 것이 새겨져 있습니다.

이러한 그림들을 볼 때 삼국 시대에는 여러 종류의 가마가 이용되었음을 알 수 있습니다. 그러나 당시에는 엄격한 귀족 사회였기 때문에 교통수단 역시 신분에 따라 사용 범위가 정해져 있었습니다. 예를 들어 신라의 경우 사용되는 나무의 종류, 깔방석의 꾸미개, 말의 치장 정도 등이 진골·6두품·5두품·4두품에 따라 각각 다르게 규정되어 있었습니다. 따라서 일반 서민들은 결혼식 등 특별한 경우를 제외하고는 두 발로 걸어 다니는 것이 보통이었습니다.

# 2 월명사

## 향가[1]로 노래를 하는 스님들

신라 경덕왕 19년 4월 1일, 하늘에 해가 둘씩이나 나타나 열흘이 지나도록 지지 않았다. 밤이 없어지자 잠을 못잔 사람들이 난리법석을 떨어 나라 안이 발칵 뒤집혔다.

경덕왕은 천문에 밝은 점성가를 불러 물었다.

"세상에 해가 둘씩이나 뜨다니, 이것이 무슨 변고요?"

점성가가 대답했다.

"이것은 나라의 재앙이니, 인연이 있는 스님을 청하여 부처님께 꽃을 드리며 공덕을 닦아야 합니다. 그러면 원래대로 회복될 것입니다."

경덕왕은 점성가 말을 듣고 곧 궁궐 안에 제단을 만들어 부처님을 모셨다. 그러고는 꽃을 드리며 공덕을 빌 스님을 맞아들이기로 했다.

그런데 인연이 있는 스님이 과연 누구인지 몰라, 경덕왕은 궁궐 밖이 잘 내다보이는 청양루에 올라가 기다렸다. 그때 월명 스님이 마침 궁궐 앞의 밭둑길을 지나가고 있었다.

"저기 걸어가는 스님을 모셔오너라."

---

1 향가(鄕歌) : 삼국 시대 말엽에 발생하여 통일 신라 시대 때 성행하다가 말기부터 쇠퇴하기 시작, 고려 초까지 존재하였던 우리나라 고유의 정형시가.

경덕왕은 급히 신하에게 명령했다.

월명 스님이 신하들에 의해 궁궐에 들어오자, 경덕왕은 곧 부처님의 공덕을 찬양하는 글을 지어 올리라고 했다.

"소승은 화랑도에 적을 두고 수양하는 몸이라 부처님 공덕을 찬양하는 노랫말을 짓는 데는 서투릅니다. 다만 향가는 지을 줄 압니다."

월명 스님 말에 경덕왕은 향가라도 좋으니 어서 지어 올리라 했다.

이때 월명 스님이 지은 향가는 '도솔가'로, 그 가사는 이러했다.


'오늘 이곳에서 산화가를 불러,
뿌린 꽃아 너는
곧은 마음이 시키는 대로,
부처님을 모시게 하라.'


월명 스님이 이렇게 '도솔가'를 지어 부르자, 곧 두 개의 해 가운데 하나가 빛을 잃고 자취를 감추었다.

경덕왕은 재앙을 물리친 월명 스님에게 좋은 차 한 봉지와 수정으로 만든 염주 108개를 하사했다[1]. 그런데 그때 갑자기 용모 단정한 동자 한 명이 나타나 그 차와 염주를 받들고 궁궐의 서쪽 작은 문으로 나갔다.

이때 월명 스님은 그 사람을 궁궐에서 일하는 아이로 알았고, 경덕왕은 또한 스님이 데리고 다니는 동자로만 알았다. 그러나 자세히 알고 보니 모두 잘못된 추측이었다.

--------

1 하사(下賜)하다 : 임금이 신하에게, 또는 윗사람이 아랫사람에게 물건을 주다.

사람들이 그 뒤를 쫓아가 보니 동자는 궁궐에 세운 탑 속으로 사라졌다. 차와 염주는 남쪽 벽에 그려진 미륵보살 앞에 놓여 있었다.

그런 일이 있고 나서 월명 스님의 지극한 정성이 미륵보살까지 감동시켰다는 이야기가 온 나라에 알려지게 되었다. 그리고 경덕왕은 이에 더욱 감동하여 스님에게 비단 100필을 하사했다.

## ♣ 함께 생각하기

향가는 신라 진평왕 때 '서동요'에서부터 고려 광종 때 균여의 '보현십원가' 11수에 이르기까지 약 370여 년간 향가가 성행했습니다. 그런 현재 남아 있는 작품은 『삼국유사』에 14수, 『균여전』에 11수 도합 25수가 있습니다.

향가를 즐겨 지은 스님으로는 월명사·충담사·융천사가 대표적입니다. 월명사는 '도솔가'로 유명하고, 충담사는 '안민가'와 '찬기파랑가'를 지었고, 융천사의 작품으로는 '혜성가'가 지금까지 전해져 오고 있습니다.

# 3 선율 스님

## 죽었다가 다시 살아나다

망덕사의 선율 스님은 신도들에게서 시주받은 돈으로 『육백반야경』을 만들기로 했다. 그러나 이 책을 다 만들기도 전에 저승사자에게 붙잡혀갔다.

염라대왕이 선율 스님에게 물었다.

"너는 인간 세계에 있으면서 무슨 일을 했느냐?"

"소승은 『육백반야경』을 만드는 것이 소원이었습니다. 그런데 그 일을 다 마치지 못하고 그만 여기로 끌려왔습니다."

선율 스님은 일을 다 끝내지 못하고 너무 일찍 죽는 것이 억울했다.

염라대왕은 잠시 생각에 잠겨 있더니 머리를 끄덕이며 말했다.

"너는 하늘에서 정해준 수명을 이미 다 살았다. 그러나 네 소원을 다 이루지 못했다고 하니 다시 인간 세상에 돌아가서 『육백반야경』을 완성토록 하라."

선율 스님은 이렇게 하여 다시 살아나 이승으로 돌아오게 되었다. 그런데 이승으로 돌아오는 길목에서 한 여자를 만났다.

그 여자가 울면서 말했다.

"저는 신라 사람입니다. 부모가 금강사의 논 한 마지기[1]를 몰래

---

1 마지기 : 논밭의 크기를 재는 단위.

빼앗은 일이 있는데, 그 일 때문에 저는 저승사자에게 끌려왔습니다. 그러나 너무 괴로워 얼른 저승에도 가지 못하고 오랫동안 이곳에서 고통스러운 나날을 보내고 있을 따름입니다. 이제 스님께서는 염라대왕의 허락을 받고 다시 이승으로 돌아가시게 되었으니, 부디 제 부모님을 만나 논 한 마지기를 금강사에 되돌려주도록 말씀드려 주시기 바랍니다. 또 제가 세상에 있을 때에 참기름을 상 밑에 감추어두었으며, 고운 베도 이불 틈에 간직해 두었습니다. 스님께서 그 기름을 가져다 절 마당에 등불을 밝혀주시고, 그 베는 팔아서 『육백반야경』을 만드는 일에 보태어 쓰도록 해주십시오. 그렇게 하면 저는 이곳의 고통에서 벗어날 수 있을 것 같습니다."

다 듣고 나서 선율 스님이 말했다.

"그대의 집은 어디 있는가?"

"사량부에 있는 구원사 서남쪽 마을입니다."

선율 스님은 그 여자와 약속을 하고 헤어져 이승으로 돌아왔다.

그런데 그때는 이미 선율 스님이 죽은 지 10일이 지나 남산 동쪽 기슭에 장사를 지낸 후였다.

이승에서 돌아온 선율 스님이 무덤 속에서 사흘 동안 살려달라고 부르짖자, 지나가던 목동이 그 소리를 듣고 깜짝 놀랐다.

목동은 그 즉시 근처의 절로 찾아가 젊은 스님에게 말했다.

"무덤 속에서 살려달라는 소리가 들려요."

젊은 스님이 달려가 보니, 무덤 안에서 선율 스님의 외치는 소리가 들려왔다.

곧 젊은 스님은 무덤을 파헤치고 선율 스님을 꺼내주었다.

선율 스님은 저승길에서 만난 여자의 말대로 그 집을 찾아갔다. 그 여자는 죽은 지 15년이 지났는데도, 참기름과 베가 그 자리에 그대로 있었다. 여자의 부모에게도 금강사의 논 한 마지기를 돌려 주라고 부탁했다.

선율 스님은 참기름으로 절의 등불을 밝히고 베를 팔아 책 만드는 일에 보태면서 그 여자의 명복을 빌었다. 그러자 여자의 혼이 와서 말했다.

"스님의 은혜에 힘입어 저는 이미 고뇌[1]에서 벗어났습니다."

당시 사람들은 선율 스님의 저승 다녀온 이야기를 전해 듣고 감탄하지 않을 수 없었다. 그들이 서로 달려와 선율 스님이 불경 만드는 일을 도왔다. 이렇게 해서 완성된 『육백반야경』은 경주의 승사서고 안에 보존되었다.

---

1 고뇌(苦惱) : 괴로워하고 번뇌함.

## ♣ 함께 생각하기

　삼국 시대 사람들은, 죽은 사람이 부활할 때까지 그 영혼이 저승에 있다고 여겼습니다. 그래서 우선 죽은 사람의 영혼이 무사히 저승에 도착하기를 빌었던 것입니다.

　신라와 가야의 고분에는 흙으로 만든 작은 배나 수레·짚신 등이 종종 발견되는데, 이러한 물건들은 이승에서 저승까지 무사하게 갈 수 있도록 하는 데 쓰이는 것들입니다. 하늘을 나는 새도 죽은 사람의 영혼을 인도한다고 여겨 새 모양의 토기를 함께 묻곤 했습니다.

　특히 불교가 들어오면서부터는 살아생전에 덕을 많이 쌓은 사람이 극락에 간다는 생각을 갖게 되었습니다.

# 4 김현

## 호랑이 처녀를 사랑하다

신라에는 해마다 2월 8일에서 15일까지 서라벌 장안의 남녀들이 흥륜사에 모여 전탑을 돌며 복을 비는 풍속이 있었다.

원성왕 때 일이었다. 김현이란 한 총각이 있었는데, 그날도 밤이 깊도록 홀로 전탑을 돌며 복을 빌고 있었다. 그런데 어느 때부턴가 한 처녀가 그의 뒤를 따라 탑돌이를 하며 열심히 기도를 하는 것이었다.

깊은 밤이라 탑돌이를 하는 사람은 김현과 처녀 단 두 명밖에 없었다. 두 사람은 서로 마음이 맞았고, 곧 사랑하는 사이가 되었다.

전탑을 다 돌고 나서 김현은 처녀와 헤어지기가 싫어 집까지 따라가기로 했다. 처녀는 자기를 따라오지 말라고 사정했으나, 김현은 그 말을 듣지 않았다.

서산 기슭에 다다르자, 오두막집이 한 채 나타났다. 김현이 처녀를 따라 집안으로 들어서자 노파가 깜짝 놀라 일어섰다.

노파가 처녀에게 물었다.

"네 뒤를 따라온 사람이 누구냐?"

처녀는 탑돌이를 하다가 김현을 만나 사랑하는 사이가 되었다고 말했다.

처녀의 이야기를 듣고 노파가 근심어린 얼굴로 말했다.

"사랑하는 사이가 되었다니, 좋은 일이기는 하다. 그러나 이를 어떡하면 좋겠느냐? 네 오빠들이 돌아오면 저 사람에게 나쁜 짓을 할 것이다."

처녀 역시 옳다고 생각하여 김현을 어디론가 끌고 가서 은밀한 곳에 숨겨주었다.

조금 있으려니까, 호랑이 세 마리가 으르렁대며 오두막집으로 들어섰다. 그들은 사람말로 이렇게 지껄였다.

"집안에서 비린내가 나는데? 마침 시장하던 차에 잘 되었군. 얼른 요기부터 하게 숨겨둔 사람 고기가 있으면 내놓아라."

세 호랑이가 처녀에게 말했다.

이때 노파가 세 호랑이를 향해 마구 꾸짖었다.

"너희들 코는 어떻게 된 모양이구나? 무슨 그런 미친 소리들을 해대고 있는 거냐? 나 아니면 네 여동생에게서 나는 냄새겠지, 뚱딴지 같이 사람 고기가 다 뭐냐?"

노파가 말을 마치기 무섭게 하늘에서 다음과 같은 큰 목소리가 들려왔다.

"너희들이 즐겨 많은 생명을 해치고 있으니, 이제 마땅히 너희들 중 한 놈을 베어 그 벌을 주리라."

세 호랑이는 하늘의 목소리를 듣고 모두 풀이 죽어 걱정스러운 얼굴이 됐다. 이때 처녀가 그들에게 말했다.

"세 분 오빠들께서는 멀리 도망쳐 숨어있으십시오. 그리하면 제가 그 벌을 대신 받겠습니다."

여동생의 말을 듣고 세 호랑이는 안심하고 멀리 피신했다.

세 호랑이가 사라진 뒤 처녀는 김현이 숨어있는 곳으로 와서 말했다.

"이제 사정을 다 아셨을 것입니다. 제가 애초에 도련님을 이곳에

오지 못하게 했던 것은 방금 보셨던 것처럼 제 오빠들이 사납기 때문이었습니다. 아시는 바와 같이 저는 호랑이입니다."

처녀의 말에 김현은 놀라지 않을 수 없었다. 자신이 호랑이 처녀를 사랑하다니, 이건 있을 수 없는 일이었다.

호랑이 처녀는 다시 말을 이었다.

"이 몸이 비록 도련님과 같은 인간은 아니오나 서로 사랑하여 부부의 인연을 맺은 것이나 다름없게 됐습니다. 저는 그 사랑을 소중하게 여기고 있습니다. 그러나 하느님께서 지금 세 오빠들의 죄악을 미워하여 벌을 주려고 하십니다. 그래서 저는 오빠들을 대신하여 벌을 받기로 작정했습니다. 이왕 죽을 바에는 다른 사람의 손에 죽는 것보다 도련님의 칼 아래 쓰러져, 우리의 소중한 인연에 대한 보답을 하려고 합니다."

"아니, 그게 무슨 소리요?"

김현은 이제 호랑이 처녀가 두렵지 않았다.

"들어보세요. 저는 내일 대낮에 장거리에 나가 사람들을 해치며 한바탕 소란을 피울 것입니다. 그러면 나라의 임금께선 호랑이를 잡는 사람에게 높은 벼슬을 내린다는 방을 붙일 것입니다. 이때에 도련님께서는 조금도 겁내지 말고 도성 북쪽 숲으로 달아난 저를 쫓아오십시오. 거기서 저는 도련님을 기다리고 있겠습니다."

호랑이 처녀가 말을 마치자 김현이 대답했다.

"나는 이미 그대와 사랑하는 사이가 되었소. 그런데 어찌 사랑하는 그대의 죽음을 팔아 벼슬을 구한단 말이오?"

호랑이 처녀가 다시 말했다.

"도련님! 그런 말씀 마세요. 지금 제가 젊은 나이에 일찍 죽는 것은 하느님의 명이고, 또한 제가 원한 일입니다. 저 하나의 희생으로 도련님에게는 경사가 되고, 우리 호랑이들에게는 축복이 되며, 나라와 백성들에게는 큰 기쁨이 되는 일인데, 어찌 마다하겠습니까? 다만 제가 죽고 난 후 저를 위해 절을 세우고 불경을 읽어 좋은 곳에 가도록 해주시면, 그보다 큰 은혜가 없을 것입니다."

이렇게 하여 김현과 호랑이 처녀는 울면서 헤어졌다.

다음날 과연 한 마리의 큰 호랑이가 서라벌 장안에 나타나 날뛰는데, 어찌나 사나운지 아무도 감히 대적할 엄두를 내지 못했다.

원성왕은 곧 보고를 받고 '호랑이를 잡는 자에게는 2급 벼슬을 주겠다'는 어명을 내렸다.

벽에 나붙은 방을 본 김현은 궁궐로 들어가 원성왕에게 자신이 호랑이를 잡아오겠다고 아뢰었다.

그러자 원성왕은 먼저 김현에게 벼슬을 내리고 격려를 아끼지 않았다.

김현은 단도를 지니고 호랑이 처녀가 알려준 대로 도성 북쪽 숲속으로 들어갔다. 이때 호랑이는 처녀로 변한 채 그를 기다리고 있었다.

호랑이 처녀는 반갑게 김현을 맞이하며 말했다.

"어젯밤 도련님께 드렸던 간곡한 부탁을 잊지 않고 저를 찾아주셨군요. 오늘 저의 발톱에 상처를 입은 사람들에게는 모두 흥륜사 간장을 찍어 바르게 하고, 그 절의 나발소리를 들려주면 깨끗이 나을 것입니다."

말을 마치자마자 호랑이 처녀는 김현이 차고 있던 단도를 뽑아 스스로의 목을 찔렀다. 죽어 넘어지는데 보니 처녀는 다시 호랑이 형상으로 변했다.

김현은 숲속에서 나와 자신이 호랑이를 간단하게 처치했다고 말했다. 그러나 자신과 호랑이 처녀 사이에 있었던 이야기는 일체 비밀로 해두었다. 다만 호랑이 처녀가 죽기 전에 가르쳐준 대로, 그날 호랑이에게 물린 사람들에게 처방을 하여 상처가 씻은 듯이 아물게 해주었다.

김현은 벼슬길에 오른 후 서천가에다 절을 세우고 '호원사'라 불렀다. 그리고 항상 '범망경'을 외며 죽은 호랑이 처녀의 명복을 빌었다.

## ♣ 함께 생각하기

　동물에 얽힌 설화들은 원시 시대부터 입에서 입으로 전해져 오는 이야기들이 많습니다. 그 중 대표적인 것이 고조선 시대의 '단군 신화'에 나오는 곰과 호랑이 이야기입니다.

　삼국 시대 문헌에도 호랑이가 많이 등장합니다. 호랑이는 동물들의 왕으로, 흔히 산신령으로 표현되기도 합니다. 단군 신화에 나오는 호랑이도 여자인데, 신라 시대 때 '김현'의 이야기에 등장하는 호랑이 또한 처녀입니다. 고대 사회에서 여성이 숭배 대상이 되고 있다는 것을 이 호랑이 설화를 통해서도 충분히 짐작할 수 있습니다.

　기록에 의하면 고구려 시대에도 자주 호랑이가 도성을 침범하여 사람들을 놀라게 했다고 전해지고 있습니다. 보장왕 18년에는 아홉 마리의 호랑이가 한꺼번에 도성에 들어와 사람들을 잡아먹었다는 이야기도 있습니다.

# 5 정수 스님

## 벌거벗은 후 국사가 되다

신라 제40대 애장왕 때의 일이었다.

황룡사의 정수 스님은 어느 겨울 날 삼랑사에 다니러 갔다 돌아오는 길에 천엄사 근처를 지나게 되었다. 그런데 거지 여자가 절문 밖에서 아이를 낳았다. 추운 겨울인 데다 캄캄한 밤이라 알몸뚱이의 갓난아기가 얼어 죽을 것만 같았다.

"이런, 불쌍한 일이 있나?"

정수 스님은 아기를 낳느라 실신해 있는 거지 여자에게서 갓난아기를 받아 자신의 품 안에 감싸주었다. 한참 동안 그렇게 체온으로 녹여주자 새파랗게 얼었던 아기는 서서히 온기를 되찾았다.

"고맙습니다, 스님!"

거의 죽어가는 목소리로 아기의 엄마가 말했다.

정수 스님은 갑자기 자신이 입었던 옷을 훌훌 벗기 시작했다. 그러고는 그 벗은 옷으로 거지 여자와 아기를 감싸주었다.

졸지에 벌거벗은 몸이 된 정수 스님은 추위를 참으며 황룡사로 달려갔다. 늦은 밤이라 절 문은 굳게 닫혀 있었다. 할 수 없이 근처에서 주운 거적때기로 알몸을 가리고 새벽이 오기만을 기다렸다.

그런데 그 무렵, 한밤중에 궁궐 뜰에서는 하늘로부터 큰 소리가 들려왔다.

"황룡사의 승려 정수를 왕의 스승으로 봉하라."

그 소리를 들은 애장왕이 급히 황룡사로 신하를 보내 정수 스님이 누구인지 알아보게 했다.

신하가 황룡사에 가보니, 이미 간밤에 정수 스님이 거지 여자와 갓난아기에게 옷을 벗어 주어 추위를 이겨내게 해준 이야기가 널리 퍼져 있었다.

정수 스님의 아름다운 보시 이야기를 들은 애장왕은 그를 궁궐로 불러들여 국사로 책봉했다.

## ♣ 함께 생각하기

신석기 시대 이래로 삼국 시대에서 가장 일반적으로 사용된 옷감은 베였습니다. 특히 일반 백성들은 '갈포'라고 하는 거친 실로 짠 베옷을 주로 입고 지냈습니다. 또한 지역에 따라서는 질이 떨어지는 짐승가죽으로 옷을 해 입는 경우도 있었습니다.

신분이 높은 사람들은 두루마기나 짐승가죽, 털을 이용한 옷으로 겨울을 났습니다. 그러나 일반백성들은 추위를 이기기 위해 특별히 준비해둔 옷이 따로 없었습니다. 여름에는 그저 간편하게 홑저고리와 바지만 입다가, 겨울이 오면 옷을 겹쳐 있는 방법으로 추위를 극복했습니다. 가난한 집에서는 겉옷 없이 홑옷으로 겨울을 나는 경우도 적지 않았습니다. 그리고 대개는 움집이나 초가집에 설치한 원시적인 구들에 불을 때고, 그 열에 의지하여 추위를 견뎌내곤 했습니다.

한편 귀족들의 옷감으로는 주로 가는 실로 곱게 짠 '겸포' 등이 사용되었습니다. 기록에 의하면 예(동예)에서는 삼을 심고 누에를 쳐서 명주와 비단을 짤 줄 알았다고 하며, 부여에서는 비단으로 옷을 만들었다고 합니다. 또한 삼한에서도 누에를 쳤다는 기록이 전해지고 있습니다.

고구려와 신라에서도 왕이 직접 명령을 내려 양잠을 권장했습니다. 신라의 경우 길쌈내기를 하는 '가배'라는 풍습이 있었으며, 직물 생산을 크게 장려하여 이웃 나라로 수출하기도 했습니다.

백제의 아좌 태자가 그린 쇼토쿠 태자

■ 제5권 피은 제8

# 1 낭지 스님

## 구름을 타고 중국을 왕래하다

삽량주 하곡현의 영취산에는 이상한 스님이 살고 있었다. 혼자서 작은 암자를 짓고 불도를 닦았는데, 인근 마을 사람들도 그가 어디서 온 누구인지 아는 사람이 없었다. 스님 또한 자신이 누구인지 밝히지 않았다. 찾아오는 신도들에게 법화경을 강의했으며, 신통력이 대단하다는 소문만 전해지고 있었다. 그가 바로 낭지 스님이었다.

한편 신라 문무왕이 즉위할 무렵, '이량공'이라는 사람의 집에서 어린 시절부터 종¹노릇을 하던 아이가 있었다. 이 아이가 일곱 살이 되었을 때, 까마귀 한 마리가 날아와서 말했다.

"영취산에 가서 낭지 스님의 제자가 되어라."

아이는 그 말을 듣고 곧 집을 나와 영취산으로 낭지 스님을 찾아갔다. 산골짜기의 나무 밑에서 잠시 쉬고 있는데, 문득 이상한 사람이 숲속에서 나타나 말했다.

"나는 보현보살인데, 이제 너에게 스님이 지켜야 할 계명을 가르쳐주겠다."

보현보살은 문수보살과 함께 석가모니의 두 번째 제자였다. 그런 보현보살이 나타나 가르침을 주겠다고 하자, 아이는 그저 놀랍기도

---

1 종 : 남의 집에 딸려 천한 일을 하던 사람.

하고 황송스러워 얼른 절부터 했다.

보현보살은 아이에게 가르침을 준 뒤 홀연히 사라졌다.

잠시 동안 가르침을 받고 났는데도 아이는 정신이 아주 맑아졌으며, 심신이 마치 날아갈 것처럼 가벼웠다.

다시 길을 가다가 아이는 이상하게 생긴 스님 한 명을 만났다.

"낭지 스님은 어디 계십니까?"

아이는 그 이상한 스님에게 물었다.

"어째서 낭지 스님을 찾느냐?"

아이는 자신이 겪은 신기한 까마귀에 대한 이야기를 하고, 다시 이렇게 말했다.

"그래서 저는 지금 낭지 스님의 제자가 되고자 찾아가는 길입니다."

그러자 그 이상한 스님이 껄껄 웃으며 말했다.

"내가 바로 낭지다. 방금 암자 앞마당에 까마귀 한 마리가 나타나 하는 말이 '신통하고 성스러운 아이가 이리로 오고 있으니 나가서 반겨 맞이하라'고 했다. 신령스런 까마귀가 너를 깨우쳐 내게 오게 하고, 또한 내게 와서 미리 알려 너를 맞게 하니, 이것은 과연 상서로운 일이로다. 아마 영취산의 산신령이 은밀히 너를 돕는 것 같구나."

낭지 스님은 그러면서 아이의 손을 잡았다.

"저를 제자로 받아주십시오."

아이는 너무 감격하여 울먹이면서 낭지 스님에게 절을 했다.

낭지 스님은 곧 아이를 암자로 안내하고 제자로 삼았다.

어느 날 낭지 스님이 불교의 가르침을 주려고 하자, 아이가 말했다.

"저는 이 산으로 들어설 때 골짜기 입구의 나무 밑에서 이미 보현보살의 가르침을 받았습니다."

"정말 잘한 일이구나. 나는 지금껏 저녁마다 지극정성으로 기도하며 보현보살을 만나 뵙기를 염원했지만, 아직 만나 뵙지 못했다. 그런데 네가 이미 보현보살의 가르침을 받았다니, 네가 나보다 훨씬 낫구나."

낭지 스님은 오히려 제자인 아이에게 정중하게 예를 갖추었다. 그리고 보현보살이 아이에게 가르침을 준 곳의 나무를 '보현수'라 하고, 아이의 법명을 '지통'이라고 지어주었다.

오랜 세월이 흐른 후, 지통 스님은 어느 날 스승 낭지 스님에게 물었다.

"스님께서는 여기에 거주하신 지가 아주 오래된 듯합니다만, 과연 언제부터 계셨는지요?"

"법흥왕 14년에 이 산에 들어왔는데, 지금은 얼마나 되었는지 모르겠다."

낭지 스님의 말에 지통 스님은 자신이 이 산에 들어온 문무왕 즉위 원년부터 거꾸로 계산해 보았다. 그랬더니 법흥왕 14년이면 이미 135년이나 되었다.

낭지 스님은 일찍이 구름을 타고 중국의 청량산에 가서 신도들과 함께 강의를 듣고 나서, 잠시 후 즉시 신라로 돌아왔다. 그곳 중들은 그를 이웃에 사는 이로 여겼으나, 정확하게 사는 곳이 어디인지 몰랐다.

절에서는 어느 날 중들에게 명령했다.

"이 절에 상시 사는 이 외에 다른 절에서 온 중들은 각기 사는 곳의 이름난 꽃과 진기한 식물을 가져와 도량에 바쳐라."

그 이튿날 낭지 스님은 산속의 이상한 나무 한 가지를 꺾어다 절에 바쳤다. 그 절의 중이 그것을 보고 말했다.

"이 나무는 법명으로 '달제가'라 하는데, 여기서는 '혁'이라고 부른다. 세상에서 서천축과 신라의 영취산 두 곳에서만 나는데, 두 곳 모두 보살이 사는 곳이다. 이 나무를 꺾어온 것을 보면 이 사람은 성자일 것이 분명하다."

마침내 그 절의 중들은 낭지 스님이 신라의 영취산에서 온 것을 알게 되었다. 그때부터 그들은 신라의 영취산에서 구름을 타고 중국의 청량산까지 하룻길에 다니는 것을 보고 낭지 스님을 신령스럽게 여겼다.

낭지 스님 이야기에는 까마귀가 등장합니다. 일곱 살 난 어린아이가 까마귀의 말을 듣고 낭지 스님의 제자가 되기 위해 영취산으로 찾아가는 대목입니다. 또한 '신령스런 까마귀'는 낭지 스님의 꿈속에도 나타나 어린아이가 올 것을 예언하기도 합니다.

이처럼 옛날에는 우리나라에서도 까마귀가 신령스런 새로 인식되었습니다. 까마귀는 쌍용총·무용총 등 고구려 고분 벽화에도 나옵니다. 둥그런 원 속에 세 발 달린 까마귀가 그려져 있습니다. 이때의 원은 '태양'을 상징하고, 까마귀 역시 세 발을 그려 넣어 신성한 존재로 여겼음을 알 수 있게 해줍니다. 옛날 사람들은 '3'이라는 수자는 행운을 가져다주는 양의 수로 여겼습니다. '천·지·인' 3재, 21일을 삼칠(3×7)일이라 한 것 등도 모두 '3'자가 양의 수임을 나타내고 있다고 볼 수 있습니다.

특히 고구려인들이 까마귀를 길조로 생각하는 것은, 사람이 죽으면 영혼을 하늘나라로 데려다주는 새라고 믿고 있기 때문입니다. 그래서 태양을 상징하는 동그라미 안에 삼족오가 들어 있는 것입니다. 『삼국유사』 기이편 비처왕(소지왕) 기사에서도 까마귀의 안내로 예언의 편지를 받게 해 위기를 모면할 수 있도록 해주는 이야기가 나옵니다. 일본으로 가서 왕과 왕비가 된 설화의 주인공 '연오랑과 세오녀'의 이름에도 '까마귀 오'자가 가운데 들어 있습니다. 그래서 일까 일본에서는 오늘날까지도 까마귀를 길조로 여기는 풍습이 전해져 내려오고 있습니다.

# 2 신충

## 시로 잣나무를 죽이고 살리다

신라 제32대 효성왕이 아직 임금의 자리에 오르기 전인 태자 시절의 일이었다. 그는 신충이라는 어진 선비와 궁궐 마당에 있는 잣나무 아래 평상에서 바둑을 즐겨 두었다.

태자는 어느 날 바둑을 두다가 신충에게 문득 말했다.

"나는 그대와 함께 있는 것이 매우 즐겁고, 항상 마음이 든든하다오. 훗날 내가 임금의 자리에 올랐을 때 그대를 잊는다면, 아마 이 잣나무가 알 것이오. 이 잣나무를 두고 맹세하리다."

신충은 너무 감격하여 바둑을 두다 말고 벌떡 일어나 태자에게 큰절을 올렸다.

그러고 나서 바로 몇 달 뒤 부왕이 죽자, 태자는 임금의 자리에 올랐다. 그가 바로 효성왕이었다.

효성왕은 자신이 임금의 자리에 오른 것을 기념하여 공신들에게 벼슬과 상을 내렸다. 그러나 전부터 같이 바둑을 즐겨두며 두텁게 친분을 쌓고 지내던 신충에게는 벼슬도 상도 내려지지 않았다.

태자 시절 가까이 지내던 사람들이 다투어 충성을 맹세하며 벼슬자리를 얻으려 했지만, 신충은 조용히 물러나 효성왕이 부르기만을 기다리고 있었다. 그러나 효성왕은 하도 여러 사람에게 신경을 쓰다 보니 신충의 존재를 까맣게 잊어버리고 말았다.

신충은 태자 시절의 효성왕과 궁궐 잣나무 밑에서 한 약속을 잊지 않고 있었다. 그런데도 자신을 불러주지 않으니 은근히 화가 나지 않을 수 없었다. 그는 다음과 같은 시를 지어 그 잣나무에 갖다 붙였다.

'뜰에 있는 잣나무는
가을에도 시들지 않듯이
너를 어찌 잊을꼬 하시며
우러러 보던 얼굴은 계시온데
달그림자가 옛 못의
흐르는 물결을 원망하듯이
네 얼굴만을 바라보지만
세상이 다 싫구나'

그런데 잣나무에 이상한 변화가 일어났다. 신충이 이 시를 지어 붙이고 난 이후부터 싱싱하던 잣나무가 갑자기 누렇게 시들어버리는 것이었다.

효성왕이 궁궐 뜰을 내려다보다가 잣나무가 누렇게 말라죽는 것을 보고 깜짝 놀랐다.

"여봐라! 저 잣나무가 왜 저리 되었는지 알아보라."

효성왕은 신하를 시켜 잣나무를 살펴보게 했다.

"신충이 잣나무에 이런 시를 써 붙인 후부터 그리 되었다고 합니다."

신하가 효성왕에게 보고했다.

시를 들여다보던 효성왕은 그때서야 자신이 태자 시절에 신충과 잣나무를 두고 한 약속을 기억해냈다.

"임금의 자리에 오르고 나서 정사에 바쁘다 보니 하마터면 소중한 인재를 잃을 뻔했구나!"

효성왕은 신하를 시켜 곧 신충을 불러오게 했다.

이렇게 하여 벼슬길에 오른 신충은 효성왕 때뿐만 아니라 그 뒤를 이은 경덕왕 때에도 측근에서 충성을 다했다. 그 또한 양대에 걸쳐 두 임금의 총애를 한 몸에 받았다.

경덕왕 즉위 22년(763년), 신충은 가까운 친구 두 사람과 함께 벼슬을 내놓고 지리산으로 들어갔다. 이때 경덕왕은 여러 차례 신하를 보내 큰 벼슬을 내리며 신충을 궁궐로 불렀다.

그러나 신충은 끝내 벼슬을 사양하고 스님이 되었다. 그는 '단속사'라는 절을 세우고, 금당 뒷벽에 경덕왕의 초상을 모신 후 복을 빌었다.

## ♣ 함께 생각하기

옛말에 '신선놀음에 도끼자루 썩는다.'는 말이 있는데, 이는 '바둑'을 두고 하는 이야기입니다. 고구려 장수왕은 바둑의 고수 도림 스님을 첩자로 파견해 백제의 개로왕과 바둑을 두게 했습니다. 개로왕은 바둑을 두면서 도끼자루 썩는 줄 모르며 세월을 보내다가 나라를 돌보지 않는 바람에 결국 고구려의 침략을 받아 사로잡혀 죽었습니다.

이처럼 이미 삼국 시대에 바둑은 '신선놀음'으로 불릴 정도로 널리 알려져 있었습니다. 고대 중국에서 유래되었다고 전해지는 바둑이 삼국 시대에 궁궐에서까지 즐겨 두게 되었다는 것은, 당시에도 중국과의 문화 교류가 그만큼 폭넓게 이루어지고 있었다는 사실을 말해줍니다.

의상 대사

■ 제5권 효선 제9

# 1 김대성

부모를 위해 불국사와 석굴암을 세우다

김대성은 경덕왕 때의 재상이었는데, 원래는 가난한 여인의 아들이었다고 한다. 머리가 크고 평평한 이마가 마치 큰 성처럼 생겼다고 해서 '대성'이라는 이름을 얻었다. 그는 집안이 너무 가난하여 마을의 부자인 '복안'의 집에서 머슴살이[1]를 했다.

김대성은 마음이 정직하고 매우 열심히 일을 하는 성실한 젊은이였다. 그것을 기특하게 여긴 주인은 그에게 초가삼간[2] 한 채와 조그만 마늘밭을 주었다. 그는 이 집에서 어머니와 함께 열심히 일하며 살아가고 있었다.

그러던 어느 날의 일이었다. '점개'라는 스님이 와서 다음과 같이 말했다.

"가지고 있는 것 중 어느 한 가지를 시주하면 다음 세상에서 그만 배의 복을 받을 것입니다."

이 말을 들은 김대성은 어머니와 상의하여 초가집과 마늘밭을 모두 스님에게 시주했다.

그런데 바로 그날 밤에 김대성은 죽고 말았다. 어머니는 갑자기 죽어버린 아들의 시체를 안고 통곡했다.

----

1 머슴살이 : 남의 집에 가서 일을 해주는 노릇.
2 초가삼간 : 아주 보잘 것 없는 초가를 이르는 말.

"시주를 한다고 재산을 모두 바쳤더니 복은커녕 아들만 죽였네. 아이고, 내 아들아!"

한편 같은 시각, 높은 벼슬자리에 있는 김문량의 집 지붕 위에서 크게 외치는 소리가 들려왔다.

"모량리의 대성이가 너희 집에서 다시 태어나리라!"

김문량은 사람의 모습도 보이지 않는데 그런 소리가 들려오자 매우 이상하게 여겼다. 그래서 사람을 모량리로 보내 알아보니 김대성이 바로 그 시각에 죽었다고 했다.

그 후 김문량의 부인에게 태기가 있어 열 달을 채워 아기를 낳았다. 아기는 태어날 때 왼손 주먹을 쥐고 나왔는데, 그것을 펴보니 '대성'이라 쓴 종이가 접혀 있었다.

김문량은 하느님의 뜻이라 여겨 아기의 이름을 '김대성'이라 지었다. 그리고 모량리에 사람을 보내어 김대성의 원래 어머니인 경조를 데려다 편안하게 살게 했다. 따지고 보면 김대성은 어려서부터 전생의 어머니와 자신을 낳아준 어머니, 이렇게 두 어머니를 모시게 된 것이었다.

김대성은 자라면서 글도 잘했지만 특히 사냥을 즐겼다. 어느 날 토함산에 올라가 곰 사냥을 했다. 곰을 한 마리 잡은 후 날이 저물어 남쪽 골짜기에서 잠을 자는데, 낮에 잡은 곰이 귀신으로 나타나 그에게 덤벼들었다.

"네가 나를 죽였으니, 이번에는 내가 너를 죽이겠다!"

곰은 이를 갈면서 대들었다.

김대성은 무서워서 마구 도망치려고 했으나 손발이 제대로 떨어지지 않았다. 그는 할 수 없이 무릎을 꿇고 빌었다.

"제발 목숨만 살려주십시오. 그러면 무엇이든지 시키는 대로 다

하겠습니다."

그때 곰이 말했다.

"네가 만일 나의 영혼을 위해 절을 지어준다면 목숨만은 살려주겠다."

김대성이 눈을 뜨니 꿈이었다.

김대성은 방금 꾼 꿈을 예사롭지 않게 생각했다. 그는 곧 사냥할 때 쓰던 활을 부러뜨리고 화살을 모두 아궁이 속에 넣어 불태웠다. 그리고 정성을 다하여 전날 잡은 곰을 장사지낸 후 집으로 돌아왔다.

그 후 김대성은 곰을 발견한 자리에 '웅수사'를, 곰을 잡은 자리에 '장수사'를, 그리고 곰에 대한 꿈을 꾸었던 자리에 '몽성사'를 세웠다.

김대성은 세 개의 절을 세우고 정성을 다하여 곰의 명복을 빌었다. 이렇게 지극정성으로 기도를 드리면서 그는 깊이 깨달은 것이 있었다.

이미 그때 김대성의 부모는 세상을 떠나고 없었다. 그는 보잘 것 없는 짐승도 자기의 영혼을 위해 절을 지어달라고 부탁하는데, 사람의 영혼을 위해서도 큰 절을 지어야 마땅하다고 생각했다.

그래서 김대성은 자신을 낳아준 부모님을 위하여 토함산 서쪽 기슭에 불국사를, 모량리에 살던 전생의 부모를 위하여 토함산 동쪽 정상에 석굴암을 세웠다.

## ♣ 함께 생각하기

죽어서 다른 생명으로 다시 태어난다는 것은 불교의 내세관에서 비롯된 사상입니다. 김문량의 아들로 태어난 김대성이 사실은 그전에 가난한 여인의 아들이었다는 전생 이야기는 그대로 불교의 내세관을 표현한 것입니다.

삼국 시대에는 불교가 들어오면서 사람들의 죽음에 대한 생각이 많이 바뀌었습니다. 불교가 들어오기 이전에는 대개 생전의 모든 것이 죽어서도 그대로 이어진다고 생각했습니다.

당시에는 무덤을 영혼이 거주하는 공간으로 간주했습니다. 그래서 왕들의 무덤은 죽은 자가 살아 있었을 때 즐겼던 모든 것을 그대로 묘사한 그림을 벽화로 남기기도 하고, 쓰던 물건들을 같이 묻기도 했습니다. 왕을 가까이에서 모시던 시녀나 시종들을 산채로 함께 파묻는 순장 풍습이 있었던 것도 그러한 이유에서 비롯된 것이었습니다.

고구려의 점쟁이 추남이 억울하게 죽어 신라의 김유신 장군으로 태어났다는 이야기에서도 불교의 전생관을 엿볼 수 있게 해줍니다. 특히 불교의 꽃을 피웠던 신라 후기에 들어와서는 스님들에 대한 이야기 속에 전생과 관련한 설화들이 자주 나오는 것을 볼 수 있습니다.

# 2 손순

## 하늘도 땅도 감동한 효자

손순이란 사람은 모량리에 살았다. 그의 아버지는 학산이고, 어머니의 이름은 운오였다. 아버지가 세상을 떠나자 그는 아내와 함께 남의 집 품팔로 쌀을 얻어 늙은 어머니를 봉양했다.

손순에게는 어린아이가 있었다. 그 아이가 날마다 노모의 밥을 빼앗아 먹는 바람에 그는 속이 상했다.

어느 날, 손순은 큰 결심을 굳히고 아내에게 말했다.

"자식은 또 얻을 수 있지만, 어머니는 다시 얻지 못하오. 저 아이가 어머님 밥을 빼앗아 먹으니 참으로 속이 상하오. 어머니께서 오죽 시장하시겠소? 그래서 나는 차라리 저 아이를 땅에 묻어버리고 어머니가 밥을 마음껏 드실 수 있도록 해드리고 싶소."

손순의 말에 아내는 처음 반대했으나, 곰곰이 생각해본 후 남편의 생각이 옳다 여겨 곧 그렇게 하자고 했다.

마침내 부부는 아이를 업고 취산 북쪽 들판으로 갔다. 아들을 묻을 자리를 잡고 땅을 파는데, 뜻밖에도 돌종이 하나 나왔다.

손순 부부는 놀랍고도 이상스러워 얼른 그 돌종을 나무에 걸어놓고 쳐다보았다. 돌종을 두드렸더니 은은한 종소리가 심금을 울려주어 들을 만했다.

손순의 아내가 말했다.

"이렇게 신기한 물건을 얻은 것은 아마 이 아이의 복인 듯합니다.

이 아이를 땅에 묻을 것이 아니라, 다시 데려다 키웁시다.”

손순 역시 아내 말이 옳다고 생각했다. 그래서 그들 부부는 각각 아이를 업고 돌종을 짊어진 채 집으로 돌아왔다. 그들은 돌종을 집 안의 대들보에 매달아두고 아침저녁으로 틈 날 때마다 쳤다.

은은한 종소리가 마을로 퍼져나갔다. 그 소리는 산을 넘고 물을 건너고 궁궐 담까지 넘었다.

당시는 신라 제42대 흥덕왕 때였는데, 임금이 그 종소리를 듣고 신하들에게 말했다.

“서쪽 교외에서 이상한 종소리가 들려오는데, 먼 곳에서 들려오는 그 소리가 아주 청량하게 들리는구나. 어디서 들려오는 소리인지 가서 알아보도록 하라.”

왕명을 받은 신하가 종소리 길을 따라 손순의 집까지 찾아왔다.

손순이 어머니를 봉양하기 위해 밥을 빼앗아먹는 아이를 땅에 묻으러갔다가 돌종을 캐냈다는 이야기를 전해들은 신하는 흥덕왕에게 와서 그대로 전했다.

흥덕왕이 감탄하여 말했다.

“옛적에 곽거란 사람이 자식을 묻으려 하자 하늘이 감동하여 금 솥을 내려줬다고 하더니, 땅이 감동하여 돌종을 솟아나게 했구나. 곽거나 손순의 효성을 하늘과 땅이 함께 살펴주신 것이다.”

흥덕왕은 손순에게 집 한 채를 선사하고, 해마다 벼 50석을 주어 지극한 효도에 표창을 했다.

그러자 손순은 자기가 살던 옛집을 내놓아 절로 삼고, 돌종을 안치한 후 절의 이름을 ‘홍효사’라 불렀다.

## ♣ 함께 생각하기

옛날 사람들이 시간을 가장 손쉽게 알 수 있는 방법은 해 그림자의 변화를 재는 것이었습니다. 땅에 막대기를 세워 그림자의 변화를 보고 시각을 측정했습니다. 이렇게 막대기를 세우고 땅에 눈금을 새긴 것을 해시계라고 합니다.

삼국 시대에는 해시계가 본격적으로 사용되어, 일반인들도 규칙적인 시간 생활을 할 수 있었습니다. 현재 남아 있는 신라 시대의 해시계 파편을 보면, 삼국 시대에도 하루를 12시로 나누고 있는 것을 알 수 있습니다.

해시계 다음으로 발전된 것이 물시계인데, 해가 뜨지 않는 밤이나 날씨가 흐린 날에도 시간을 측정할 수 있다는 장점을 갖고 있습니다. 해시계보다 제작하기가 어려운 것이 물시계지만, 삼국 시대에도 물시계 제작기술이 많이 발전되었던 것으로 추측됩니다.

679년에 백제인이 일본으로 건너가 물시계를 제작했다는 기록이 있으며, 신라 후기인 718년에는 성덕왕이 '누각'이라는 물시계를 처음 만들어 누각전을 세우고 누각박사로 하여금 관리하게 했다고 합니다.

삼국 시대에는 이러한 해시계 또는 물시계로 시각을 측정했으며, 일정 시각을 정하여 종을 쳐서 일반인들에게 널리 알리는 것이 관례였습니다. 종소리는 은은하면서도 멀리 퍼져나가기 때문에 사람들은 절에서 울려오는 소리를 듣고, 아침이 되고 저녁이 되는 것을 알았습니다.